JN408791

# 수축다욕

# 수즉다욕

## 壽則多辱

송차식 네번째 수필집

해암

| 책머리에 |

# 늦게 피는 개망초꽃

흔하게 피는 잡초로 보이지만
성은 입은 꽃
가을 물소리 들린다

은은한 꽃의 정원
사랑 주지 않아도 당당하다
언제나 웃는 귀여운 아가들

들판이 하얗게 웃는다
배려의 먹잇감 맞아
벌 나비가 춤을 춘다

잡풀 무성한 적막 위에서
세찬 바람맞으며
오늘도 보랏빛 사랑을 전송한다

꽃이 좋아 산에 사는 새,

꽃을 사랑하는 사람의 마음,

꽃다운 세월 지나는 가을의 황혼,

벌써 네 번째 수필집 발간입니다.

시집도 두 권 발간이었네요.

아직도 어설프기만 한 마음 잘 보듬으면서

살아가렵니다.

매사에 충실히 하려고 애쓰며

2024년 여름
남국 송 차 식

| 차 례 |

## 1부 | 복덩이라 부르리

## 2부 | 밤의 설說

## 3부 | 수측다욕壽則多辱

## 4부 | 베블런 효과

## 5부 | 깨치지 못한 것이 많다

## 제 1 부

# 복덩이라 부르리

수확 철이 되니 저걸 어찌 처리하나 고민이 되기 시작한다. 호박 한 덩이를 가져와 속을 파내고 긁으니 너무나 속이 차고 색상마저 해맑았다. 무겁기도 했다. 주말 농사꾼의 심성은 수확이 덜 좋은 것은 주로 본인들이 먹는다. 지인들에게 나눠줄 때는 좋은 것을 주어야 한다는 것이 뇌리에 박혀 있다. 그러니 속이 꽉 찬 호박을 보니 황금알을 보듯 흐뭇했다. 누구를 건네주든지 안심이다.

송차식 네번째 수필집

# 벌의 생태

겨울은 벌들도 휴면기를 맞는다. 추워지면 견디기 힘들어 땅바닥에 떨어져 있는 것을 볼 수 있다. 엄동설한 이기고 잘 견뎠다는 벌들이 햇볕을 찾아 들판으로 날아다니는 것이 보인다. 여리기만 한 흰나비와 노랑나비도 훨훨 자유의 몸짓으로 날갯짓한다.

벌똥은 어떻게 생겼을까. 봄씨앗을 넣고 풀뿌리를 캐며 부산을 떠는 농가의 하루는 짧기만 하다. 해가 뉘엿뉘엿 넘어갈 즈음 기온이 떨어지면서 차가운 날씨가 귀가 시간을 재촉한다.

양지바른 곳 주차한 차량의 앞 유리에 누런 자국으로 길게 짧게 벌이 똥을 지려 놓았다. 벌똥은 집을 만들기 위해 분비하는 누런빛으로서 상온에 닿으면 단단하게 굳는 성질을 갖는다. 방수제나 광택제로도 쓰이며 절연제로도 쓰인다고 한다. 꿀에 못지않게 유용한 물질인가 보다. 아마 벌들은 따뜻하게 비춰주는 유리를 그들의 볼일 보는 장소로 착각이나 한 듯, 유리 전면이 벌 똥으로 미어져 있다. 저걸 어떻게 지워야 하나. 물로 씻어도 잘 지워지지 않는다.

따뜻한 기운이 다가오니 양봉하는 이웃이 있어 벌들의 군락지가 되고 있다. 우리 농장에는 벌들이 서식 못 하는 이유가 있다. 벌들은 푸름이 있고 꽃이 피는 식물이 있는 곳으로 몰려든다. 꽃을 찾아 꿀을 뽑아서 할 일을 마무리한다. 그러나 농장주의 부지런함 때문인지 잡초일망정 풀 한 포기 보이지 않게 말끔하기 때문이다. 갈 곳 없어 헤매다 차량 유리에 빛 따라서 노략질하는 것이 벌들의 일과이다.

계절은 꽃과 벌의 조화로 이루어진다. 자연 속에서 새소리 바람 소리 들으며 힐링하는 것으로 좋은 결이 되고도 있지만, 벌은 순하게만 볼 수 있는 곤충은 아니다. 작고 앙증스러운 종류도 있지만 만만하게 보아서는 안 된다. 차량이나 옷가지며 몸까지 노란 벌 똥의 세례를 받고는 스트레스가 되는 경우도 더러 보인다. 벌똥이란 것이 하늘에서 떨어지는 노란 똥의 테러라는 것을 직시한다.

양봉장의 꿀벌을 유심히 지켜보면 꽃 속에 꿀을 채취하는 광경은 신비하다. 때에 따라서 독침이 있는 말벌을 만나면 위험하여 목숨까지 잃는 경우도 있다. 말벌에 쏘이면 얼른 침을 제거하고 비누로 씻은 다음 얼음찜질을 해야 한다. 금방 부어오르는 부위에 통증을 쉽게 가라앉히는 방법이다.

벌 똥으로 피해를 주는 경우도 있지만, 벌들이 꿀을 채취할 때 묻혀오는 꽃가루 화분에는 다양한 영양분이 많다. 양봉하는 분이 꽃가루 화분 한 병을 선물로 주었다. 어떻게 먹는지를 알지 못했다. 노란 꽃가루가 약간 달짝지근하며 쉽게 먹히지는 않았다. 꽃가루 화분에는 인체에 필요한 많은 영양소가 있다. 아미노산, 칼슘과 미네랄이 풍부하고 허약체질과 노화 예방 등의 효능도 가진다. 냉장고에 잠자고 있는 노란 꽃가루 화분을 내어서 본다. 소중함을 몰랐다. 잘 챙겨 먹는 날들을 만들어야겠다.

벌 똥이 뜸하게 보이는 것은 벌들이 수난을 겪고 있다는 것이다. 올봄 꿀벌이 사라지는 현상이 발생하여 전국에서 약 70억 마리 이상의 벌이 사라졌다고 했다. 양봉 농민들은 월동 중인 벌을 깨워 먹이를 주며 본격적인 양봉 준비를 한다. 봄 벌 깨우게 하는 과정에서 벌이 사라진 것을 확인했다. 이는 꿀벌 대량 실종 현상이다. 날씨에 속고 기생충에 우는 이상기후나 응애 발생이 복합적인 현상으로 보고 있다. 응애는 꿀벌에 기생하면서 체액과 조직을 먹고 자라는 해충이다. 이들은 꿀벌 성장을 방해하며 벌들이 사라지는 원인제공을 하였다.

특히 꿀벌은 날씨의 영향을 많이 받는 곤충이다. 변덕스러운 날씨 영향도 컸다. 추운 날씨에 월동해야 하는데 기온이 높아지면, 꿀벌들은 외부 채집 활동하면서 체력 소진으로 면역력이 떨어진다. 체력 약화로 돌아오지 못하는 벌들이 폐사하는 경우가 많다. 협회에 등록하지 않은 양봉 농가가 많아 더욱더 피해 농가가 늘지 않을까 걱정이다. 변덕스러운 계절이 꿀벌들을 미궁에 빠뜨리고 있다.

아인슈타인의 꿀벌 설에는 꿀벌이 사라지면 인간은 고작 4년 더 생존할 수 있다고 한다. 이것은 지구상에서 꿀벌이 사라지면 식물이 없고, 동물이 없고, 인간이 없다는 설이다. 꿀벌은 식물의 수분을 돕는 꽃가루를 암술에 전달하는 역할을 한다. 또한 농작물의 70% 이상이 꿀벌로 인한 열매를 맺을 수 있다는 것이다. 그만큼 꿀벌이 인간 생존의 필수적이고 생명 유지, 연장을 제공하고 경제적 가치를 주는 곤충으로 멸종하게 되면 인간도 생존하기 어렵다는 의미이다.

벌은 과연 인간들에게 꼭 있어야 하는 미물인가. 해가 되는 것보다 이로운 미덕을 훨씬 더 많이 가지는 벌이 사람들과 동반자가 될 것인가에 연구진들은 이미 긍정적인 답을 내놓았다.

벌이 인간들에게 많은 것을 가르쳐 주기도 한다. 강인함, 부지런함 등등 티끌 모아 태산이란 말을 실감 나게도 한다. 조그마한 몸으로 꿀을 따 와서 축척을 한 것을 인간들은 벌꿀이라고 너무나 유용한 생약으로 먹고 있기 때문이다. 사람들에게 협동심을 기를 수 있고 사회를 이끌어갈 지혜를 주는 본보기가 벌의 생태적 본질이 아닐까.

# 복덩이라 부르리

호박 넝쿨이 복덩이가 될 줄이야. 해마다 심은 호박이 아기 호박일 때 몇 개 따고 나면 누렁 덩이는 구경 못 했다. 왜 호박이 달리지 않을까. 불만이었다. 새끼손톱만 한 씨앗에서 싹이 터서 메줏덩어리 아니 커다란 양재기만 한 호박이 주렁주렁 땅바닥에 뒹굴고 있다. 황금색 복이 굴러들어 온 복덩이 같다.

여름만 되면 밭고랑에 쏟아지는 잡초들이 버거워 육십여 개의 호박 구덩이를 파고서 심은 것이 무릇 호박이 백삼십 덩이로 밭 전체가 누렇게 익은 볏단이 깔린 듯하다. 잎이 무성할 때는 푸른 호박을 따다가 돌담치 넣고 볶아먹기에 바빴다. 잎 속에서 많은 꽃이 피고 열매가 맺히고 있다는 것을 몰랐다. 벌 나비들도 얼마나 바쁘게 드나들었을까. 수확량의 결과는 농부가 쏟은 정성에 비례한다고 하는데, 가꾸는 사람의 발길이 얼마만큼 빈번했느냐에 달렸다고 하지 않은가. 주말농장이라 주일에 한 번씩 가서 정성을 줄 수밖에 없었는데도 참 기특하기도 하다.

호박은 여러모로 유용한 작물이다. 우선 많은 잡초를 막아주어 금상첨화인가 싶다. 햇빛만 보면 뻗어가는 줄기를 주광성이라 한다. 자라는 속도가 빨라 줄기마다 호박이 옹골차게 여문다. 여릴 때는 볶아먹고 된장찌개에 넣어도 그만이다. 또한 호박꽃은 뭉뚝하면서도 정이 간다. 잎에는 무기질이나 비타민이 많고 항암 작용에도 효과 있으며, 몸속의 산화물질을 제거해 준다. 버릴 것이 없는 약방의 감초 같다. 잘 익은 호박은 긁어서 호박전으로도 일색이다. 누렁 덩이로 도라지, 대추, 생강 또는 미꾸라지를 넣고 중탕하면 몸속의 중금속이 줄어들어 부기가 빠지기도 한다. 산모들이 많이 이용하는 복덩이이다.

없을 때는 몰랐던 일이다. 수확 철이 되니 저걸 어찌 처리하나 고민이 되기 시작한다. 호박 한 덩이를 가져와 속을 파내고 긁으니 너무나 속이 차고 색상마저 해맑았다. 무겁기도 했다. 주말농사꾼의 심성은 수확이 덜 좋은 것은 주로 본인들이 먹는다. 지인들에게 나눠줄 때는 좋은 것을 주어야 한다는 것이 뇌리에 박혀 있다. 그러니 속이 꽉 찬 호박을 보니 황금알을 보듯 흐뭇했다. 누구를 건네주든지 안심이다.

올해는 호박이 많이 달릴 것이라는 예감이 있었던지 작년에 서둘러 구입한 1톤 트럭이 큰 역할을 할 줄이야. 한가득 실었다. 승용차로는 가당치 않을 무게를 어찌 감당할까. 무언가 수확물이 있는 날은 번거로웠는데 오늘도 포터가 안성맞춤이었다.

호박 처치에 궁리하다 가까이 사는 작은 시누님께 연락하여 판로가 되는지를 알아본다. 파는 것에 익숙지 못한 나는 난감하였다. 시누님은 장안사 가는 길에 수만 댁이 호박을 팔고 있으니 거기 알아보기를 권한다. 크기가 천차만별인 호박의 가격은 어찌 매기는지, 어찌 거래하는지. 그렇다고 차에 싣고서 팔러 다닐 수도 없다. 때로는 많은 것이 적음만도 못하다.

남편의 단안이다. 큰 호박 몇 덩이만 농막에 넣고 모두 포터에 싣는다. 오늘은 호박들을 시집보낼 참이다. 호박을 한가득 싣고 보니 호탕한 마음이다. 농막을 지나 갈림길에 오르니 예고도 없이 언제 벌써 가을이 왔는지 벼 이삭들이 고개를 들고 흔들어 대고 있지 않은가. 우리 마음만큼이나 호탕한 기분일까. 며칠 있으면 친정아버지 기제 날이다. 정관 친정집에 들러 스무 덩이쯤 내렸다. 형제들 한 집에 댓 덩이씩, 파는 것도 아닌데 꼭 한 덩이씩 덤으로 주면서도 신이 난다. 그리고 도시로 와서 아는 집안이나 지인들에게 나누어 주다 보니 호박은 반이 줄어들었다.

해는 뉘엿뉘엿 넘어가고 오늘은 여름내 농사지은 호박 나누기에 행복했다. "행인이 이 호박 파는 거예요?" 한다. 한마디로 팔지 않는다고 해 버렸다. 나는 내심으로는 좀 헐값으로라도 팔아 버렸으면 좋을 듯했지만, 트럭에 앉아 장사하는 내 모습이 될까 봐 좀 주춤은 했다. 늦은 식사 하면서 고생한 보람이 이런 것인가 한 잔씩 곁들였다.

다음 주에는 언양 집에 들러 네 가구에 삼십 덩이를 희사하기로 한다. 회복기 암 환자들에게는 호박이 특효이니 회복기에 있는 두 집은 열 덩이씩 나누고 두 집은 다섯 덩이씩 나누니 아랫집 사모님은 감사하다며 칠순이 넘어 버릴 것은 버리고 나눠야 한다는 것을 절실히 느꼈다고 한다. 보답으로 오랜 발간지로 애지중지하던 이중섭 책자를 선뜻 한 권 내어주기도 했다.

호박 농사에서 큰 것을 얻은 듯하다. 농자천하지대본(農者天下之大本)이라 농업을 장려하는 말로써, 도시인들은 농사가 뭔지 몰라도 농작물이 풍부하여 이런 글귀를 알 필요성도 없다. 먹거리는 농사를 통해 조달된다. 모든 생명체는 먹을 것이 최우선으로 중요시된다. 하물며 식품 원료는 공업적으로 만들어 낼 수 없는 이치이기 때문이다.

살면서 건강 침해를 입는 유전자 조작의 농산물 수입에 의존하여 농업이 죽어간다면, 피해 갈 방도가 없어 손을 놓을 수밖에 없다. 직접 농사를 지어 눈으로 확인하여 내놓을 수 있다는 것도 축복이려니. 씨를 뿌려 자라나는 작물이 어느새 공간을 채워 줄일 수도 없는 농장이지만, 백삼십 덩이가 가내 행복을 가져다준다. 주렁주렁 달려주는 것만 해도 고마워 먹기도 아까운 복덩이로 이름 지었다.

# 봄 재촉하다

3월이다. 봄을 재촉하고 있다. 날은 여전히 쌀쌀함을 느끼지만 감출 수 없는 봄기운에 포근한 소식 접하는 것 같아 울컥한 마음이다. 늘어진 버드나무 우듬지에 벌써 파릇파릇 새싹이 몽글다. 연두색으로 내민 가녀린 새아씨 같다. 간간이 흐르는 구름과 하늘에 맞닿은 색상이 조화를 이룬다. 온 누리에 만물의 소생 가득하다. 나도 함께 출렁인다.

내川을 걷다 보면 까마귀들이 반갑게 인사한다. 그런데 그중 한 마리가 먹지 말아야 할 먹이를 쪼아 먹고 있다. 누가 버렸는지, 바람에 날려 왔는지, 스티로폼이 언덕에 얌전히 놓여 있다. 까마귀는 먹이인 줄 알고 계속 쪼아 먹는다. 내심 걱정이 되었다. 까마귀야. 그것은 배에 들어가면 소화도 안 되고 탈이 날 터인데. 까마귀를 날려 보낼까 하는 마음이지만, 이미 거리를 조금 지나쳐 온 것이 내내 마음에 걸린다.

대학원에서 그룹 발표 때이다. 물속의 고기들이 낚싯바늘이나 스티로폼을 먹고는 죽어가는 영상을 본 적이 있어 더욱 마음이 쏠린다. 그 까마귀는 먹이에 대한 감각이 없는 것일까. 맛을 느끼지 못할 것인데. 걸으면서 내내 머릿속을 혼란스럽게 하는 장면이었다.

내는 흐르는 물이 많아지고 평소에는 흙탕물로 흐릿하게 흘러내렸는데 맑은 물이 차츰 빠른 속도로 흘러내린다. 정수장에서 흘려보내는 듯하다. 공사로 어지럽던 온천천은 일주일 만에 찾은 곳이라 장소에 따라 말끔하게 정비된 곳도 있다. 시작인 곳은 언제가 끝이 되려나. 늦장 대책에 저러다 또 장마에 속수무책이 되지 않을는지. 노파심이 앞선다.

아침의 거리가 상쾌하다. 전전날부터 봄비가 시샘의 이월 바람과 함께 내리더니 만물이 소생하나 보다. 모든 것이 싱그럽고 활기찬 생물들이다. 봄 내음이 나를 맞이하는 발걸음도 한결 가볍게 움직이게 한다.

매사는 소문만복래笑門萬福來라 했다. 웃는 입가에서 복이 나듯 웃으면서 하루를 맞이하는 일상이 되면 순조로운 생활이 되는 것이다. 상대를 만나면 웃으면서 인사한다. 일 년이 지나간다. 마스크를 착용하고 상대를 대하다 보니 인상착의를 잘 알 수 없다. 웃는 눈 모습만 보고 상대의 사람을 알아본다. 이건 얼마나 큰 죄악인가 싶다. 사람이 맘대로 말하지 못하고 웃지 못하다니. 인간이 살아가는 방도가 아닐 진 데. 그래도 하루하루 잘 견뎌 새로운 하루를 맞으면서 다음을 기약한다.

사람들은 이러지도 저러지도 못하면서도 계절의 순화 속에 봄의 향취를 기다린다. 벌써 벚꽃의 군락지가 그리워진다. 올해도 작년과 여념이 없다. 진해 벚꽃 행사인 군항제는 취소하고 봄나들이의 모든 움직임이 거두어들이는 추세이다. 봄볕이 나른한 꽃들의 세상이 너무나 아쉬움을 더해준다. 더 나은 길을 택하기 위함이라 위로로 삼아야 하지 않을까. 심한 몸살과 계절 앓이가 될 성싶다.

주말농장의 봄 씨앗 준비를 한다. 지난 작물 뽑고 상큼한 봄 향기를 뿌릴 것이다. 작년부터는 밭갈이가 많다 하여 양지 언덕배기에 과일나무와 먹거리 나무를 심었다. 봄비가 내리고 만물이 미동하는 시기를 맞아 꽃맘 몽글어 머지않아 꽃망울 터뜨릴 것이다. 주말에는 그 어떤 일이 있어도 거를 수 없는 나는 그것들만의 세상으로 빨려 들어가야 한다.

잡초를 없애주고 흙으로 북을 돋우어 사랑스러운 먹거리로 자라게 해야 하는 것이 내 천직의 소임이다. 나는 사는 집이 아주 높은 고층 46층에서 생활한다. 기압이 낮은 곳이라 자주 흙을 밟는 것이 내 몸과 삶의 씨앗이 되지 않을까 싶다. 오래 사는 것이 목적이 아니라 건강하여 오래 생활할 수 있는 것을 소원하기 때문이다.

언덕에 있는 미나리도 가까운 곳으로 옮겨서 향기 나는 먹거리로 만들고 쑥부쟁이도 캐서 쑥국도 끓였다. 신선한 게 좋은 것은 봄의 놀음이 된다. 갈수록 여러 가지 봄나물들이 미각을 살릴 것이다. 예부터 아무나 주지 않는다는 노지 첫 정구지가 살금살금 흙을 파헤치고 올라오는 모습이 정겹기도 하다. 건강이 허락하기까지는 흙과 더불어 노래를 듣고, 시의 씨앗을 뿌리며, 풀 향기 나는 글을 쓰면서 살아가련다.

주말농장의 어디에나 심어놓은 농작물은 주인보다는 먼저 맛을 보는 고라니들이 아주 성가시게 할 때가 많다. 그것들도 먹어야 하겠지만, 자주 들릴 수 없는 처지라 어쩔 수 없이 이번에 몇백 평 둘레에 펜스를 쳤다. 연휴를 맞아 아들들도 합심하여 공사했다. 동물들에는 조금은 잔인한 일이기도 하지만 주위가 다 그렇게 하면 우리 농장에만 그냥 두면 고라니들의 잔치 밭이 될 것 같아 결심한다. 엉거주춤 농사꾼이 제법 숙달된 농법으로 흥미를 느낀다. 거짓이 없는 흙의 세계로 빠지면 헤어나지 못해 일어나는 숙명이다.

# 봄맞이꽃

4월이 지나간다. 지상에는 온 천지가 형형색색 꽃으로 물들던 개나리, 진달래, 벚꽃으로 요란한 봄 지나고 온기가 점점 오르는 5월을 맞이한다.

봄이 지나는 아쉬움이 있을 시기가 되면 뒤늦게 피어나 봄을 알리는 봄꽃이 있다. 볕이 잘 들고 반그늘에서 잘 자라는 봄맞이꽃 주로 새끼손톱보다 작다는 하얀 꽃이 핀다. 시골 밭둑에서 무더기로 앙증스럽게 피는 꽃이다. 그냥 지나다 보면 작은 식물에 불과하여 쉽게 밟힐 정도로 눈에 잘 띄지는 않는다.

우리 곁에 봄이 왔음을 확실히 알려주는 대표적인 일 년 초이다. 공원이나 일반 정원의 한쪽에서 무리 지어 4월의 대지를 하얗게 수놓는다. 5월을 맞아 아름다움을 주어 예쁜 화분에 담아 봄이 가는 아쉬움을 달래주어 내내 즐거움도 준다.

봄맞이꽃은 앵초과에 속하며 한해 또는 두해살이풀이다. 우리나라 각지의 공원이나 야생 풀밭에 흔하게 잘 자란다. 뿌리에서 잎이 나오고 다량의 잎이 방석처럼 퍼지면서 땅을 덮는 것이 특징이다. 잎은 작고 반원형이나 둥근 달걀 모양이다. 특히 꽃자루가 한곳에 모여 달려서 우산살 모양으로 꽃이 피어 우산 모양 꽃차례라고 부르기도 한다.

봄맞이꽃이 매력이라면, 흰색 꽃 중앙에 있는 작은 테두리가 밝은 노란색 구멍으로 곤충을 유인하여 꽃가루받이한다. 유심히 보면 구멍 안에는 암술 1개와 수술 5개의 윗부분을 살짝 볼 수 있다. 일 년생 풀이라 씨앗으로 번식한다. 꽃이 다 피었을 때 예쁜 꽃을 옮겨 심으면 대부분이 죽는 특징도 있다. 꽃이 피지 않은 식물을 옮겨 심거나 씨앗을 뿌리면 쉽게 개체가 늘어난다.

봄맞이꽃은 일 년, 이년, 다년생의 많은 종이 분포하지만, 우리나라에는 다섯 종류의 봄맞이꽃이 자생한다. 애기봄맞이꽃, 금강봄맞이꽃, 봄맞이꽃, 명천봄맞이꽃, 고산봄맞이꽃들이 있다. 애기봄맞이꽃은 잎이 타원형이고 꽃이 2mm 정도의 아주 작으며 습기가 많은 곳에서 자란다.

금강봄맞이꽃은 금강원에서 처음으로 발견된 식물이다. 금강산, 설악산의 그늘진 곳에서만 서식한다. 명천, 고산봄맞이꽃은 백두산 북부 고산 지역에서 볼 수 있다고 한다. 히말라야나 티베

트의 고산봄맞이꽃은 딱딱한 바위에 흙만 깔리면 잘 자라는 특성이 있다. 또한 유럽 봄맞이꽃도 여러 종류가 있다. 안개꽃 유럽 봄맞이꽃은 생소하기만 하다. 사라지는 종이라지만 봄맞이꽃의 종류가 다양한 모습에 새삼 신비하기도 하다.

이른 봄에 잎이 동그란 동전 같은 구릿빛을 띤다고 하여 동전초란 애칭도 있다. 하얀 봄맞이꽃이 무리 지어 바람에 흔들리는 모습을 한 번 보면 잊을 수 없다는 망초이다.

도시의 풀밭에서 쉽게 만날 수 있는 봄맞이꽃 다시 한번 눈여겨봐야 할 것 같다. 실내에서 키우기는 키가 너무 커지기 때문에 윗부분을 잘라주어야 한다. 봄맞이꽃 꽃말은 몸의 속삭임 상징이다. 조용하게 소복이 피어서 도란도란 속삭일 것으로 보인다.

이름만 들어도 하사한 봄맞이꽃은 양지바르고 촉촉한 땅에서 무리 지어 핀다. 논두렁이나 밭두렁의 오목한 곳에 자리 잡는다. 한해살이풀꽃으로 온대지역에 살면서 꽃샘추위에도 강하다.

5월의 봄소식을 정확히 알려주는 꽃으로서 이 꽃이 피면 확실하게 봄 계절인 것을 알 수 있다고 한다. 꽃이 필 무렵에는 꽃샘추위도 가고 완전한 봄기운이 되는 시기이다. 그래서 이름까지도 봄맞이꽃이라나. 들판에 널려 있는 하얀 꽃 속의 노란 수술이 꽃을 더욱 화사하게 만들고 하늘 향한 꽃잎이 앙증스러움을 보이게 한다. 잡목 속에서도 금잔디처럼 피어 있는 봄맞이꽃, 흰색

꽃 색깔이 칙칙한 땅에서도 화사하게 눈에 잘 띈다. 우아하고 고상함도 있으며 어떤 배경에도 흰색의 조화는 잘 어울리는 금상첨화라고 할까. 신기하게도 열매는 캡슐 모양으로 둥그레 하며, 별 모양을 한다.

농장 주변에도 자주 보이는 식물이다. 자그마하다 보니 잡초풀인 줄 알고 깡그리 뽑아버렸는지도 모른다. 자세히 살펴보면 정말 앙증스러운 자태이다. 멀리서 보면 푸른 바탕에 하얀 점이 찍힌 것 같고 은하수가 반짝이는 듯하다. 풀에 불과하지만, 한의학에서는 효능도 가진다.

봄맞이꽃이 해독작용을 하여 열을 내리고 부기를 가라앉히는 치료제이다. 인후통이나 입 안 염증, 요통, 치통, 방광염 등 타박상 피부의 염증이나 종기, 뜨거운 물에 데었을 때 특효약용으로도 쓰인다. 효과가 있으면 당연히 부작용도 따른다. 꽃이 성질이 차서 몸이 차가운 사람에게는 많이 먹지 않는 것이 좋다. 봄맞이꽃은 독이 있는 꽃은 아니다. 다행히 아직은 별다른 부작용이 없었다는 연구 결과이다.

*봄맞이꽃

# 수명이 다하다

사람도 생기발랄하게 살고 있을 때는 수명에 대해서는 의구심을 가지지 않는다. 그냥 하고 싶은 대로 살다가 어느 계기가 되면 몸이 하나씩 고장 나기 시작한다. 요즘에는 골골 팔십이면 백세라 칭한다. 아프면 고쳐가면서 명을 이어가는 추세이다. 그러다 어느 순간 기력이 다하면 영영 일어나지 못하는 수명의 마지막 기로인 것을 안다.

안식처인 언양 통나무집에 드나든 지가 언 20년, 벌써 냉장고의 연륜도 십오 년은 족히 될 듯하다. 지펠이 처음 출시할 즘에 샀다. 고맙게도 한 번 아프지도 않고 잘 돌아가고 있었다. 그러다 올해 들어 시름시름 아픈지 잦은 소음이 나고 냉장 온도가 올라가 냉기가 약해지고 미심스러워졌다.

서비스 신청으로 기사 두 분이 와서 큼직한 부품 하나를 교체

하였다. 얼마를 지난 후 느닷없이 냉장실의 온도가 19도로 변해버렸다. 미세하여 유심히 보지 못한 동안 반찬들이 쉽사리 변질이 되었다. 버릴 것은 버리고 정돈을 하고 다시 서비스를 신청한다. 냉장고가 필수품이라는 것을 절실히 깨닫는 순간이다.

냉장고 있는 곳이 조금은 산간 지역이라 서비스를 쉽게 접하기가 난감하다. 살고 있지 않고 자주 들르지 못해 늦어지는 서비스가 더욱 병을 늘어지게 한 것 같다. 서비스 신청하여 들렀을 때 기사가 왔다. 냉장고를 깔끔하게 사용하여 겉은 멀쩡한데 속이 편치 않은 상태라고 한다. 모든 전자제품은 시기가 되면 부품이 없어진다는 것이다.

냉장고의 수명은 다 되었고 맞는 부품도 없고 하여 임시방편으로 부품을 고정해 놓겠다고 한다. 냉기는 조금 올라오는데 알 수 없는 소음이 집안을 싸돌고 있다. 다음번에는 교체해야 한다고 언질을 주었다. 꼭 사람이 유명을 달리하기 위한 준비인 것 같다. 사람이나 물건은 공생 공존의 원리인가. 800L가 넘는 냉장고 가격도 만만치 않은 제품이라 난감해진다.

기거하는 곳이 아니어서 불안하기 짝이 없다. 쇠뿔도 단김에 뽑는다는데 남편한테 전화하니 일백만 원 지원하겠다고 한다. 이참에 대리점에 전화했다. 냉장고도 유행이 있어 다양한 모양으로 양쪽 도어가 있고, 4단 도어, 자동 도어도 있었다. 색상도 가지가지다. 값도 만만찮다. 마음에 드는 색상도 고르고 회사에서 지원해 주는 성향으로 계약하고 연휴를 맞을 때 바꿔 놓기로 하였다. 20년을 보낸 연륜에 살림살이도 낡아 가는지 여러 가지 교체를 한 것 같다. 가스레인지는 전기 인덕션으로, 화력이 적은 벽난로는 신형 벽난로로, 텔레비전도 서너 번을 교체했다. 잡다한 전기제품을 바꾸고 나니 다시 새살림이 들어온 느낌이다. 인간도, 물상도, 미물까지도 제각기 다 수명이 있다.

냉장고를 구매하러 단골로 가는 마트에서다. 담당 팀장과 제품을 고르고 계약서를 쓴다. 내 이름을 보고는 어디서 많이 본 듯한 이름이라고 한다. 글을 쓰는 일을 한다고 하니, 혹시《그날부터》저자가 아니냐고 묻는다. 너무나 황당하다. 그 책은 나의 2집 수필집이라고 하니 깜짝 놀란다. 날마다 힘든 일에 매달려 마음의 양식을 찾고 있는데 아시는 분이 이 책을 사보라고 권해 매우 감명 있게 읽었다고 한다. 편안하게 마음의 양식이 되었다고 했다. 그런데 책의 저자가 자기 앞에 앉아 있다는 것은 상상도 못 할 일이라고 속이 떨려서 계단을 못 내려가겠다고 하는 독자를 만난 것이다. 나도 황당해서 이럴 수가 있는지 어안이 벙벙했다.

금세 사모님에서 선생님으로 칭호가 바뀐다. 이런 것이 글을 쓰고 책을 내는 보람이구나 싶었다. 다시 올 때는 꼭 사인을 받아야겠다고 한다. 며칠 있다 들르기로 했다. 나는 제품 만족도 조사에서 여지없이 제일 좋았다고 명시를 해 주었다. 서로가 도움이 되는 일을 한 것 같아 흐뭇했다.

감개무량한 분을 만나서 수필 3집을 한 권 주겠다고 하니 한사코 사서 보겠다고 한다. 책을 자주 산다고 하면서 본인이 직접 사서 보아야 더 감명이 온다고 만류한다. 이렇게 숨어 있는 독자가 있다는 것에 감동했다. 내 책이 좋은 글이라서가 아니라 한 사람이라도 마음의 안정을 줄 수 있었다는 것에 가히 따뜻한 정서가 스며있었다고 여겨진다. 소개한 분은 또 어느 분일까. 그냥 아는 분이라고만 한다. 글을 쓰다 보면 가끔 내가 왜 이 글을 쓸까, 누가 봐주기라도 할까 하는 생각에 거두고 싶을 때도 있다. 여하튼 글쓰기를 놓을 수가 없다는 것에 스스로 마음을 굳히어 본다.

그 팀장은 일을 야무지게 설명하고 열정 있게 영업하며 묵직한 체격에 따뜻해 보였다. 문인들의 세계가 아니라 작가들의 뜻을 이해해 주는 독자들도 있다는 것에 하루는 저물어도 경이로운 경험에 감사하였다. 몇 번이고 그가 고개를 숙이는데 되레 내 몸이 낮추어진다.

수명이 다해가는 냉장고 하나 사고 인생의 보람까지 곁들인 것 같다. 냉장고 위 칸은 쑥색으로, 아래 칸은 상아색으로 럭셔리한 느낌의 맞춤형을 골라서 제2의 안식처인 그곳에 갈 때마다 두고 두고 세월의 정감을 느껴볼 것이다. 꽉 찬 식자재와 음식들 또한 알뜰살뜰 보듬고 다듬을 것이다.

# 수필 쓴다는 것

우리는 어떻게 살 것인가? 어느 시인은「나는 배웠다」는 시에서 삶이란 무엇을 손에 쥐고 있느냐가 아니라 누가 곁에 있는가에 달려 있음이 중요하다고 했다. 무슨 사건이 일어나는가에 달린 것이 아니라 사건을 어떻게 대처하는가가 중요하다. 그것은 인간이 살아가는데 어떻게 살 것인가를 진솔한 해답을 얻어내고 싶은 것이다.

나 또한 수필처럼 살아보려고 한다. 좀 더 격이 달라지는 관대한 분위기를 만들고, 경솔하지 않으며, 깊은 눈으로써 보는 것을 거르고, 진실한 바탕에서 좀 더 부드럽고, 은은하며 내면의 감동이 있는 수필 같은 삶을 갈망하고 있는지 모른다. 한 편의 수필을 쓴다는 것은 내일을 여는 오늘의 과제이기도 하다. 체험을 떠나서는 살 수 없는 것이 인간이다. 일상생활에서 얻는 직간접적인 느낌이나 사색으로 몸소 겪을 수 있는 것이 경험과 체험이다. 쉽사리 일어나지 않는 감동의 체험이 기억의 실마리를 엮으면서 원고지 위에 펼쳐진다. 창작인은 곰삭은 정신 내면을 충분한 여과 과정을 거치면서 작품이라는 양식의 체험을 표현한다. 보고 느끼는 것들이 감정 정리와 함께 문장으로 연결될 때 문학이라는 통일된 한 편의 글이 완성된다.

체험이 풍부하다고 해서 좋은 작품이 되는 것은 아니다. 체험을 그대로 옮겨 쓰는 것이 수필이 되는 것은 더욱 아니다. 저자의 성격이나 통찰력이 조화되지 않으면 좋은 수필이 나오지 않는다. 작은 체험일지라도 무르익는 구상 능력을 어떻게 표현하느냐에 따라서 글의 우수성이 나타난다. 수필에서 조화를 갖춘다면 감각이 있는 구수한 유머라든가 주위를 즐겁게 하는 분위기가 만들어지면 금상첨화가 아닐까. 어려움이나 고난이 닥칠지라도 수필 닮은 모습으로 담담하게 대처한다면 한층 더 부드럽고 푸근해지면서 품격이 나타나리라 믿어진다.

누구나 수필을 쓰기 위한 다양한 체험이나 경험을 접하게 된다. 사물을 지나거나 예사롭게 보지 않는 자세부터 진실성이 묻어나야 한다. 이는 폭넓게 살피는 오감을 통하는 예민성이 있어야 하겠다. 수필을 쓸 때는 신선한 정서라든지 진솔한 문장들이 찾아질 때는 그 매력에서 벗어나기가 쉽지는 않다.

가끔 찾아다니는 답사의 체험이야말로 수필을 꽃피울 씨앗이 되는 좋은 소재거리가 된다. 혹 원고 청탁이 오기라도 하면 쫓아다니며 얻은 답사의 경험을 순식간에 써 내려갈 수 있는 내밀한 양식이 되기도 한다. 굳이 체험이 아닐지라도 우연히 친구나 지인의 대화라든가 나만의 사색에서도 수필의 착상을 떠올리게 되는 경우도 있다. 얼른 내 품으로 끌어들여 내 안의 것으로 삼켜야 한다. 쉽지 않은 귀감으로 품어야 한다.

글을 쓰기 위한 자세를 가다듬고 그 착상을 연결해 본다. 글에서 어떤 삶이 묻어나고 있을지, 어떤 의미를 담을 것인지, 핵심을 부각하는 생각에서 골똘하게 마음을 가다듬어 본다. 어떤 주제로 생동감 있는 소재를 불러 들어야 하는지를 마음의 체험으로 답사를 해 본다.

일단 소재를 찾고는 수필의 전체 메뉴를 머릿속에 굴려본다. 틀 속에서 요점을 적어서 쓰기에 진입한다. 수필을 쓸 때는 퇴고의 매력에 있다는 것은 가히 불가불이다. 틈나는 대로 해야 한다는 것이다. 과연 나는 이런저런 핑계로 퇴고에 정성을 들인 지가 몇 번이나 될까.

살아온 생이나 살아야 할 삶의 모습들을 어렴풋하게라도 떠올리게 했는가. 주제와는 무관하지는 않았는가. 소재 연결은 적소적시에 맞는가. 아름다움을 흐트러지게 하지는 않았는가. 무리

한 상상은 없었는가. 온갖 생각에 생각을 동원하고서 점검을 해 본다. 한 편의 수필을 쓰려면 수십 번 거듭거듭 다듬고 바로잡아야 한다. 이런 것들이 퇴고의 매력 포인트가 되는 것이다. 어설프게 써 내려간 서두가 읽을수록 신중하지 않을 때가 있다. 좀 더 신선한 문구가 없을까 고뇌 속에 빠지기도 한다. 또한, 산뜻한 말로 여운을 남기면서 생기를 북돋아 주는 글 전체를 결말에서 찾지 못한다면 아쉬워지는 무게를 싣고 말게 된다.

수필을 쓰면서 나름대로는 심혈을 기울였다고 생각은 하지만, 독자들이 이 사람은 무엇 때문에 이 글을 썼는가 하는 책망에 이르지나 않을까 염려에 늘 두려움이 앞선다. 한 편의 글은 심혈을 기울이고 개성적인 표현 문장으로 순수한 정성이 필요하기 때문이다.

글 속에 헤엄친 지 10여 년 흐름 속에 서너 권의 수필집과 시집도 품었지만, 아직도 풍부한 글쓰기의 근성이 부족한 갈림길에서 있다. 주어진 틀을 거울삼아 더 발전적인 글쓴이가 되기를 바란다. 부족한 나를 채우면서 품격을 쌓아야겠다. 무엇 때문에 써야 하는지 삶의 무게에 따라서 추는 움직일 것이다.

# 입춘대길立春大吉

현관의 대문을 본다. 입춘대길 만사형통立春大吉萬事亨通이라는 글귀가 봄이 왔음을 알려준다.

지금 우리나라는 만사형통의 갈림길에 있다. 가정이 편안하려면 우선 나라가 평온하고 걱정이 없어야 한다. 한 나라의 지도자를 선출하는 갈림길에 있다. 한반도의 긴장 고조가 어디로 나아가는 길이 될까. 대운이 되기만을 바란다.

아직도 긴장은 세계로 팽대해 가고 한 사람의 잘못된 생각이 지구의 정세를 흔들어 놓는다. 러시아와 우크라이나의 전쟁이 세계의 경제 파탄이 되고 있다. 그럼에도 시간은 지나가고 여지없이 계절은 변화를 가져오고 새싹은 움을 틔운다. 긴장도 아랑곳하지 않고 매화는 꽃망울을 터트릴 것이다.

계절의 변화와 함께 인간의 생활도 윤회에 물들어져 반복된다.

엊그제 청년이었던 자들이 어느새 백발이 숭숭한 노년의 황혼에 물들어 있음에 놀라지 않을 수 없다. 유독이 백발의 황혼이 곁에 다가와 있음을 본다. 형제들의 빠른 머리 탈색에 지난날 긴장했던 세월이 안타까움을 자아내게 한다.

올해는 유난히 추위가 늦게까지 기승을 부렸다. 날씨가 차가우니 마음도 얼어붙는다. 고드름을 본 지가 까마득하다. 추운 날 산간오지에서는 쉽게 볼 수 있는 고드름이다. 흐르는 물줄기가 그대로 얼어붙어 형형색색 모양을 만들었다. 햇볕이 내리쬐면 영롱하게 빛을 내어 물방울이 떨어진다.

찬바람이 지나고 움이 터올 시기에 지인들이 모여서 산간벽지 통나무집에서 2박 3일을 보냈다. 밖이 차가운데 비해 집안은 포근했다. 쌓아놓은 참나무 둥치를 벽난로에 넣었다. 노릇노릇 군고구마에 정을 쏟으며 지인들은 불씨가 활활 타오르는 난롯가에 모여 앉아 지난날을 다 끄집어내었다.

평소에 말이 없던 분은 하나밖에 없는 여식 혼사를 거나하게 치르며 많은 경험을 하였다고 희로애락을 풀어놓는다. 어떤 분은 자식의 배필을 엮으면서 자기 일생의 실수담을 여지없이 들추어내어 서로가 아팠던 것을 얘기할 기회가 되었다. 아무도 살아온 인생을 탓하지는 않는다. 서로의 환담 시간이 되었다.

밤이 늦도록 이어가는 얘기들이 황혼의 입춘을 맞은 것인가.

거침없이 쏟아내는 삶의 현장이 고귀하면서도 덧없다는 생각이 든다. 지인들은 젊음은 세월 따라 보내고 검은 머리 파뿌리가 된 염색의 참뜻을 고마워하는 나이가 되었다.

또 한 차례 추위가 기승을 부린다. 곳곳에 매화꽃들이 피어나다 다시 움츠렸다. 너무 이른 것도 자신을 지키지 못하는 소유물에 불과한 것 같다. 모든 것은 시기가 있음을 알려 준다.

소생하는 3월이 되었다 움츠렸던 물상들이 기지개를 켠다. 우듬지 까치집에는 사랑 나누는 소리가 요란하다. 어느새 까치집에서는 어미들의 발길이 바빠지고 있다. 농장에서는 가장 이르게 핀 매화가 함박웃음을 선사한 지가 몇 날이 지났다. 머지않아 올망졸망 열매가 달려서 싱그러움을 알려줄 것이다. 이어 살구나무와 천도복숭아, 자두나무도 뒤질세라 망울을 잉태하고 터뜨릴 기세다.

자연의 신비로움에 하루하루 살아가는 인생살이가 저돌적인 생각들로 꽉 메워진다. 뭐 하나 중요하지 않은 게 있으랴. 각자의 삶에 충실한 꽃나무들인데 항상 바쁘게만 살아온 나의 생을 돌아보는 계기도 된다. 사계의 윤회 속에 신비롭지 않은 것이 있었겠는가.

한동안 동해 남부지방의 건기 현상으로 여기저기 바싹 마른 산야에는 산불로 많은 산등성이를 불태웠다. 그나마 아쉬움을 주고 가뭄을 해소하는 비가 내렸다. 파릇파릇 생기가 돋아나고 들판에는 봄 쑥들의 행렬이 싱그러웠다. 농장 주변의 돋은 쑥이 봄기운을 주었다. 쑥국에는 도다리가 제격이란 말이 실감 났다.

몹쓸 병의 돌풍 속에 하루하루 불안이 엄습에 온다. 급기야는 전국에 수많은 인파가 전이되고 우리 가족도 전파의 경로도 모른 채 자가 격리에 임했다. 남편은 회사에서 일주일 휴가로 들어가고 일절 외부와 접촉을 못 하는 안쓰러운 일을 겪었다. 황당했다.

오미크론이란 병명이 여기저기 아우성친다. 감기처럼 가볍다고는 하지만 결코 가벼이 볼 상황은 아니었다. 처음 하루는 열로 삭신이 쑤셔왔다. 단순한 감기, 몸살 오한인 줄만 알고 방심했다. 감기 처방을 하였다. 그런데 목이 따끔해 오고 마른기침을 동반했다. 열은 없는데 목이 아프면서 콧물이 멈추지 않고 목에 가래가 생성된다는 것이 특징이었다. 한 차례 소동이 지나면 평온을 찾는 것이 이 병의 증세이다. 앞으로도 계속 헤아릴 수 없게 나타난다고 예고한다.

매사의 일은 남의 일만 아니라는 것을 뼈저리게 겪으며, 내게도 일순간에 다가올 수 있다는 것을 터득했다. 단지 크고 작은 일들에 순서가 정해지는 것뿐이다. 매 순간 잘 처리하고 경험을 체험으로 받아넘기는 처사가 절실할 것 같다. 몸살로 한파가 지나고 나니 봄이 눈앞에서 밀착하며 바짝 기다리고 있다.

# 청이 익어간다

5월에는 가뭄이 심했다. 연일 볕이 내리쬐니 물이 필요한 생물은 목 놓아 허덕인다. 농가에는 지면이 갈라지는 원성이 따랐다. 동해지역의 산불에도 대책이 없었다. 산불이 몇 날 동안 늘어지기도 했다. 강풍이 불어 집채만 한 불덩이들이 날아다니는 바람에 속수무책이었다. 많은 재산 피해와 함께 인명이 대피하는 소동도 있었다. 약한 비라도 내리기를 간절히 바랐다.

가뭄과는 반대로 홍수가 나면 물이 무섭다고 하지만, 불의 재해 또한 재만 무성히 남아 마음을 아프게도 하였다. 머나먼 호주의 산불은 5개월째 지속이란다. 추운 달이 되어 우박 동반으로 산불이 주춤하더니 멈추지 않고 캔버라 수도로 번져 공항도 폐쇄되는 안타까움이 있었다. 호주는 산불로 한반도 크기의 숲이 잿더미로 변했다는 것이다. 기후변화에 의한 산불은 기후재앙이 되고 있다.

6월이 되어 매실 수확철이 왔다. 매실에는 황매실, 청매실이 있다. 우리 농장에는 주로 청매실이 다반사이다. 1~10일까지는 매실을 담그는 전통 기간이다. 그러나 따가운 볕에 변화가 생겼다. 열매가 크지도 못하고 기형으로 달려 있었는지 금방 손만 대니 주르륵 흘러내린다. 계속 가물다가 6월 들어 비가 내려 황금비라고 하지만 매실은 역행 수확이 되었다. 갑자기 쏟아지는 비에 매실들이 제자리를 잃어 누렇게 떠서 떨어지는 기이 현상이 일어났다.

올해는 시누님 농가의 매실이 좀 튼실하게 달렸다. 다리 수술로 불편한 시누님은 매실을 따가서 담그라고 했다. 몇 년을 지나친 매실 담기에 안성맞춤이다. 그런데 며칠 사이 싱그럽던 매실이 일순간에 누렇게 떠서 떨어져 있는 게 아닌가. 달린 것마저도 쭈그러진 것이 많았다. 그나마 감지덕지하여 바지랑대로 털어서 가져온 것이 반 소쿠리 정도는 되었다. 매사는 발 빠르게 대체해야 생물을 제때 얻을 수 있다는 교훈이다.

진주에 사는 막내 여동생이 몇 그루의 매실나무를 가지고 있어 연락을 취하였다. 그곳 또한 같은 맥락이었다. 모두 기후변화가 원인이 되었다. 다행히 동생이 두어 자루 구해서 왔다. 그나마 마음먹은 대로 매실을 담갔다. 매실은 항상 설탕과는 1대 1이 되어야 하는 것이 철칙이다. 설탕을 적게 넣으면 부풀어 오르고 시어지는 맛이 된다. 백일쯤 지나면 매실 건더기를 건진다. 그리고는 몇 년을 삭혀야 하지 않을까 싶다.

그러나 푸른 매실의 과육과 씨에는 독소가 있다는 것이다. 아미그달린이란 맹독을 가진 매실을 담글 때는 충분한 숙성을 필요로 한다. 매실은 단오가 다가오면 담그기를 준비한다. 약방의 감초 같은 매실청이 여러 가지 음식 볶음이나 김치나 무침 종류에도 양념으로 많이 쓰인다. 나만의 조미료로도 안성맞춤이다.

매실과 많이 닮은 것이다. 개복숭아 또는 돌복숭아라고 하는 열매다. 농장에 올해 처음으로 한 바구니 정도가 열렸다. 열매가 아주 탱탱하고 싱그럽게 달렸다. 봄에 가장 이르게 꽃이 피어 사랑을 많이 받았다. 꽃이 얼마나 탐스러운지 가던 길을 멈추고 서서 보고만 싶었다. 개복숭아 꽃이 그렇게 예쁘다는 것을 처음으로 알았다. 보는 사람마다 탄성이 터졌다.

개복숭아 진액 또한 더운 여름날 시원하게 물에 타 마시면 갈증에도 그만이다. 봄이 오기 전에 여린 시금치랑 동초와 쪽파에 감식초를 조금 곁들이면 겉절이로도 금상첨화이다. 구토에 효능이 있으며 비염 치료에 특히 좋다고 한다. 도원결의桃園結義를 생각하게 하는 효능만큼이나 꽃이 아름답다는 일화를 가진 개복숭아는 예사로이 볼 선과는 아닐 듯하다. 내년에 다시 꽃이 피면 더욱더 정성 들여 살펴보아야겠다. 그냥 지나쳐가면 매화인지 개복숭아인지 꽃이 비슷하니.

예로 내려오는 매실청 용법은 유용하게 쓰고 있다. 음식을 만들 때는 소독 차원으로 쓰며, 배탈이 났을 때는 여지없이 미지근한 물에 한 숟갈 타 마시면 씻은 듯이 아픔이 사라진다. 그리고 장아찌 저장법으로 담글 때도 꼭 필요한 재료이다.

아이들이 중학생 때부터 외국에 나가 공부하였다. 짐을 보낼 때는 꼭 매실청을 챙겨 보냈다. 음식이 우리와 달라 배탈이 나는 경우가 잦았다. 한국처럼 의료보험제도가 만만찮아 병원 가기도 쉽지 않았다. 항상 비상약으로 매실 진액을 먹게 했다. 시대에 맞지 않는 진료 방법이지만 비싼 요금을 들여서 보내는 것도 우리만의 방식인 처방 약이었다.

덕택에 함께 룸메이트로 기거한 서울 친구들도 많이 애용하여 좋았다고 한다. 아들의 보스턴대학 졸업식이 있어 보름을 잡고 참석했다. 함께 있는 한국 학생들이 이구동성으로 어머니께서 보내주신 매실 진액과 장아찌를 잘 먹었다고 인사를 했다. 우리 것은 우리 몸속에 맞는 것으로 생각되어 흐뭇했다.

주방 한 켠에서 청이 익어간다.

## 제2부

# 밤의 설說

밤은 혼례 때는 부귀와 다산의 상징으로 여겨져 상에 오르기도 했다. 삶을 연명하는 식품들이 하나씩 사라지는 시점에서 모든 것이 쉽게만 살아가는 방식을 실감한다. 밤과 도토리의 일생이 쓰임이 있는 식용으로 영원할 수 있으려나. 나부터가 하나씩 잊어가고 있다.

송차식 네번째 수필집

# 기후 · 장마의 설

해마다 여름철이 되면 기후변화의 장마에 시달리고 있다. 7월 역시 한반도의 이상 저온 현상으로 유례없는 장맛비가 내려 많은 재산과 50명 이상의 인명피해를 내고 수마는 물러갔다. 폭우는 주로 우리나라 중부 지방에 500mm가량 강타하여 순식간에 산사태가 나고 홍수로 이어져 처참한 상황까지 되었다.

한탄도 원망도 할 수 없는 짧은 시간의 악마 같은 빗줄기이었다. 쏟아지는 물 폭탄에 떠내려가고 할퀴고 앙상히게 뼈대만 남은 광경에 더 이상 말을 할 수 없었고, 피해자들의 아픔은 연속되고 있다.

장마가 오고, 가뭄이 드는 계절에는 남겨지는 우리말 속에는 지나온 옛 속담들도 일리는 있어 보인다. "가뭄 끝은 있어도 장마 끝은 없다."라는 옛말이 있다. 가뭄이 들면 힘들기는 하지만,

장마가 더 무섭다는 것이다. 가뭄에는 인명이나 재산 피해는 상대적으로 적을 수도 있지만, 홍수가 들면 인명 피해는 물론 재산인 집이나 전답, 가축까지도 물에 잠기거나 휩쓸려 버리기 때문이다. 오히려 가뭄이 피해가 적음을 의미하리라. "이레 장마보다 삼 년 가뭄이 낫다." 또는 "칠 년 가뭄에는 살아도 석 달 장마에는 못 산다"라는 속담에 담긴 의미도 같은 맥락이다.

우리 농장의 장마 피해도 적지는 않았다. 한 줄로 선 참깨밭의 정렬이 장마의 연유인지 볼품없는 지그재그 행렬이 되고 말았다. 그러고 보면 차라리 가뭄 때가 나았다는 아픔이다. 또한 산에서 내려오는 물 폭탄으로 언덕의 담이 헐려 붕괴 직전이 되었다. 작년 이맘때도 키위나무에 피해가 극심했다. 관계기관에 신고하여 임시방편으로 모래주머니와 비닐 갑바를 돌로 눌러 놓아 주변 경관이 을씨년스러웠다. 해마다 이어지는 폭우에 몇 년 전부터 관을 찾는 일이 이제 자연스러운 일이 되어버렸다.

어떤 연유인지 큰 물이 지기 전에 동물이나 곤충들이 더 민감함을 보인다. 개미들이 끝이 보이지 않게 한 줄로 바삐 어디론가 갈 때는 큰비가 올 징조라고 어른들이 말했다. 콩밭 위로 고추잠자리가 유난히 많이 날아다니는 것도 비가 올 징조다. 특히 자라가 물 위로 올라오면 홍수가 날 징조라고 한다. 평소에는 자라는 물속이나 모래 진흙에 숨어 지내는 습성이 있다. 자라는 물기가 있는 곳을 좋아하고 건조한 땅 위로는 잘 올라오지 않는다는 것이다. 영특한 자라는 큰 홍수가 난다는 걸 미리 알고 알을 낳는 장소까지도 그해 여름 날씨를 짐작할 수 있다고 한다.

강원도 영월지방에 "동강이 서강에 지면 홍수가 난다"는 설이 전해진다. 지역을 감싸고 흐르는 두 강인 동강과 서강의 물길에서 물살이 세고 순하게 흐르는 강이 반대로 흐르는 물길이 되면 큰 홍수가 난다는 뜻이다. 이는 기상학적인 일리가 있다는 설이다.

장마철에 내리는 폭우는 우리 선조들의 날씨 속담을 통해 지혜가 있었음을 볼 수도 있다. 7월 중순에는 서울 수도권의 호우 특보가 내린다. 아침부터 우산을 들고 바지를 둥둥 걷어 올리고 출근하는 모습을 TV 화면으로 본다. "아침 뇌우는 큰비가 내릴 징조다."라는 속담의 뇌우에는 기단성 뇌우와 전선성 뇌우가 있다.

오후에 많이 내리는 폭우는 기단성 뇌우이고, 여름철 장마전선과 연관된 전선성 뇌우는 특성이 새벽에 가장 강하게 발달하는 성질이다. 이 뇌우는 천천히 움직여 집중호우를 내리는 경우이다. 우리나라의 최근 몇 년 동안의 집중호우는 뇌우와 함께 시작한다. 사람들이 깊이 잠들어 있는 시간이지만 일어나는 새벽 무렵의 대부분이었다고 한다. 올여름의 장맛비가 그러한 경우이다.

여름의 2/3가 지나고 있다. 장마철 수마가 핥고 간 자리는 흔적을 지우느라 정부의 도움을 받으면서 하나하나 구슬땀을 흘리고 있다. 팔십 평생을 살아오면서 이번 같은 폭우는 처음이라는 그곳 피해 본 어른이 한 말씀이다. 집중호우로 모든 것을 잃고, 가족들의 생사도 묘연한 상황이 된 분들도 있고, 그야말로 아연실색이라는 말이 실감이 간다.

해마다 이어지는 기후변화에 인간이 따라갈 수 없는 시대의 순환이 되고 있다. 비는 소강상태에 들었지만, 장마가 주고 간 수마는 원상 복귀도 하기 전에 또다시 폭염의 변화무쌍한 날씨에 나라는 진통을 겪는다. 온 세계는 폭우와 폭염으로 몸살을 앓는다.

# 꽃샘추위

꽃샘추위는 이른 봄꽃이 필 무렵이 되면, 갑자기 강한 바람이 분다. 기온이 오른 상태에서 닥치기 때문에 체감 온도가 실제보다 춥게 느껴진다. 감기에 걸리기 딱 안성맞춤인 시기이다.

어느 나라나 따뜻한 봄날이 시작되다 느닷없이 추위가 닫쳐올 때가 있다. 이런 추위를 우리나라에서는 꽃샘추위라고 일컫는다. 봄이 오면 모든 식물은 기온이 오르기 때문에 싹을 틔우고 꽃을 피워 잉태하기 시작한다.

프랑스 포도주 농가에서도 비상이 걸린다. 곳곳에 눈과 한파가 몰려 오기 때문이다. 포도주로 유명한 부르고뉴지방에서는 농부들이 모두 나와 포도나무 이랑마다 설치한 파라핀 양초에 불을 붙인다. 불에서 나오는 열로 포도나무의 추위를 보호하기도 한다. 포도 수확량이 줄어들면 손해가 이만저만이 아니기 때문이다.

그런데 우리나라도 갑자기 시베리아에서 불어오는 고기압으로 강한 바람이 불어 매서운 추위를 동반할 때가 있다. 3~4월이 되면 가장 이르게 꽃을 피우는 개나리, 진달래꽃이 이런 피해를 보기도 한다. 꽃이 피는 것을 시샘하여 몰려오는 추위라 하여 꽃샘추위라고 부른다.

우리나라는 꽃샘추위를 화투연花妬娟이라 한답니다. 꽃 질투 추위라고 쓰는 북한 말도 일리는 있다. 보통 2~4월 중순 사이에 사람들의 일상생활에서 체감하는 꽃샘추위는 1주일 정도 성행하기도 한다.

4월이 되어 비가 오고 그친다. 전국에 꽃샘추위가 세찬 바람과 함께 체감을 영하권으로 떨어지는 뒤늦은 꽃샘추위가 찾아온다. 3월에 들어서는 초여름 같은 가장 더운 3월을 기록하면서 다시 추워지는 꽃샘추위로 변신을 한 것이다.

4월 초에는 비를 뿌린 저기압이 빠져나가면서 북쪽의 차가운 대륙 고기압이 우리나라로 불어온다. 기온이 떨어지고 바람이 세차게 분다는 기상 정보다. 다음 날에도 최저기온이 전날보다 2~7도가량 낮아진다. 강한 바람과 함께 체감 온도가 낮아져 영하권까지 곤두박질할 것이라니.

특히 서울의 예상 기온이 최저가 7도까지 내려가는 추위를 느끼는 봄을 맞는다. 3일을 연달아 전국 곳곳의 아침 기온이 영하로 내려갈 전망이다. 평년보다는 3~6도가 낮아지는 현상이다. 기상청에서는 서리가 내리고 얼음이 어는 곳도 있으니 특히 농작물 냉해에 조심성을 강조한다.

우리나라에는 꽃샘추위에 관한 속담도 성행한다. 봄에 불어오는 꽃샘추위가 장독을 깰 만큼 춥다는 뜻으로 '꽃샘추위에 장독이 얼어 터졌다'는 속담도 있다. 꽃샘추위가 겨울 추위 못지않다는 것으로 '겨울 추위에는 살이 시리지만, 봄추위에는 뼈가 시리다'는 속담이 있는가 하며, '꽃샘추위에 중늙은이 얼어 죽는다.'는 추위에 뜻밖의 변을 당할 수 있으니 조심하라는 경고이기도 하다.

또한 강한 바람에 체감 온도를 떨어뜨리면 심혈관이 약한 사람은 심장에 혈액이 줄어 심한 통증이 온다. 협심증을 일으키는 경우도 있다. 조석으로 일교차가 크면 편도선염에도 걸리는 질환이 많다. 외출 시에는 체감이 떨어지지 않게 따뜻하게 옷을 챙겨야 한다. 어찌 보면 꽃샘추위가 우리 일상생활에 많은 교훈을 주기도 한다.

꽃샘추위나 환경오염에는 과일 농가에도 큰 어려움을 겪고 있다. 꿀벌 실종으로 조만간 꽃을 피우는 사과나 배의 수분受粉이 되지 않는다. 가을 과일 수확에 많은 걱정거리가 되고 있다. 지금쯤 사과나무 사이에 벌통을 놓고 꿀벌들이 꽃가루를 나르느라 분주한 시기인데 기온 변화로 인한 벌 한 마리 구경할 수 없다는 것이다.

곳곳마다 꿀벌이 움직여야 가을 수확이 풍성해진다는데 벌 구하기가 정말 힘이 든다는 것. 최근 들어 몇 년 과일 농가에서는 양봉 농가에 덮친 꿀벌 실종이나 꿀벌 폐사 등의 사태가 많았다고 한다.

전문가에 의하면 겨울철 기온이 높아지는 기온변화에 꽃이 빨리 피었고, 월동해야 할 벌들이 꿀 채집 나갔다가 체력이 소진되어 돌아오지 못하고 집단 폐사하지 않았을까 한다. 또한 벌에 달라붙어 체액을 빨아먹는 응애가 원인 중 하나로 보기도 한다. 올해 들어 최소한 140억 마리의 꿀벌이 사라지고 폐사했다고 하니, 그 피해는 아마도 우리 식탁에도 올 수 있지 않을까.

과일 농가에서는 벌통을 구하기 위해 발을 동동 구르지만, 대책 마련이 되지 않아 수확의 개수가 줄어 사과나 배의 농사를 망칠까 봐 울상이 되고 있다. 이런 사정으로 과일 농가에는 벌통 쟁탈전까지 벌어진다고 한다.

또한 응애를 잡으려고 약품을 과도하게 뿌리면 오히려 꿀벌이 약해지거나 폐사하는 경우가 많아진다. 양봉 농가에서는 이도 저도 못 하고 애간장을 태운다. 벌을 못 구하면 수공으로 인공수

분을 해야 한다. 수술에 있는 꽃가루를 암술머리에 옮겨주는 과정이다. 과일나무는 자신의 꽃가루는 거부하는 성질이 있다. 다른 나무의 꽃가루를 붓으로 일일이 찍어 발라 주어야 한다. 꿀벌에 의한 수정보다는 비용이 10배가량 더 든다는 단점이 따른다.

또한 기계로 꽃가루를 뿌려주는 방법을 택하여야 하지만, 이 역시 만만찮은 비용의 문제점이 따른다. 아무래도 올가을은 값싸고 풍성한 과일을 먹기에는 틀린 것 같다. 이 모두는 기후변화에 의한 환경오염이나 꽃이 피는 시기에 꽃샘바람 영향이 없다고 할 수는 없다.

# 넉넉함

계절의 변화 속에 매사가 넉넉한 징조를 보인다. 우선 사람들의 행동이나 모습이 너그럽고 풍성하다. 때는 9월, 한가위를 맞아 고향으로 친지, 형제를 만나는 날이다. 하행선을 타는 사람이 많을 것인데 우리는 상행선을 탄다. 조상제사를 지내지 않고 미리 음식을 마련하여 추모 공원에 모신 조상을 뵈러 간다. 사정이 있어 그것도 이번에는 뒤로 미룰 수밖에 없었다.

올해는 유난히 비가 잦았고, 기후변화로 인한 장마와 태풍이 사람의 마음을 좁히고 쪼그라들게 하는 듯하다. 먼 곳에 가을 하늘이 푸르고 높게만 보인다. 천고마비의 계절이라는 말이 실감나는 공간이다.

자식들이 하행선을 타는 것보다 우리 내외가 움직이는 게 한결 유리한 명절일 것 같아 연휴 전날부터 바쁘게 서두른다. 엿새의 연휴라 장거리 귀경길이 많고 해외로 여행 떠나는 사람들도 적지 않으리.

작년에 혼사를 치른 며느리가 출산 일이 가까이 있고, 둘째 아들이 어여쁜 여자 친구가 있어 기회에 한 번 만나기를 간청하여 좋은 생각으로 바쁜 일정을 소화해 볼 것이다. 또한 여름휴가에는 서울 사돈 내외가 내려오셔 언양집에 일박하면서 돈독한 시간을 가졌다. 그 은혜에 보답하시겠다고 서울 종로에서 식사 예약을 하여 풍요로운 명절을 맞아 뿌듯하기까지 하다.

남들은 다 하는 인륜지 대사가 참 더디다고 여겼는데 하나씩 내 품에서 멀어져 가고 꽉 찬 온정들이 식어가는 느낌이다. 여느 부모나 다 마찬가지일 것이다. 자식 집에 갈 때는 그냥 다니러 가는 일은 없을 터, 짐이 여러 개 되어 둘이 조금 번거롭기도 하였다.

부산에서는 쉽게 맛볼 수 있는 먹거리 전어회도 장만하여 자식을 만나러 가는 부모 마음이라 한결 가벼운 상행길이다. 연휴의 전날이라 아들이 정상 근무를 해서 비밀번호를 일러주어 몇 번을 거쳐서 집 안으로 들어오니, 마치 뭔가 훔치러 온 기분으로 의아하다.

올해는 연휴가 다른 해 보다 며칠이 늘었다. 그 덕에 선남선녀들의 해외 여행길이 넉넉해지는 명절인 것 같다. 나라에서 주는 명절의 긴 연휴는 너무나 보람이 되는 귀한 시간인가 보다. 직장을 다니는 경제인들이 더욱더 환호하는 걸 보면 소중한 황금연휴가 된다.

연휴 전날이지만 SRT 기차가 꽉 메이도록 넉넉한 명절이다. '더도 덜도 말고 한가위만 같아라.'는 말이 풍요 속에 한가로움이 녹여지는 것 같다. 아들들이 10여 년이 넘게 외지에서 공부 마치고 고국으로 온 지 오래되지 않지만, 아이들이 없을 때는 우리부부는 항상 외로운 명절을 맞이하며 살았다. 곁에 아들들이 함께하니 풍성하고 편안한 명절이 되어 이런 날도 오는구나 싶다.

한가위는 가족 친지들이 고향의 조상님과 부모님을 뵙고 어른들의 덕담으로 살아가면서 모든 일에 만사형통 무탈해지라는 새김이 된다. 이런 명절만큼 오곡이 풍성해지고 마음이 넉넉해지는 날이기도 하다.

나의 소중한 문학단체 협회에도 9월의 시화전으로 26일 폐회식을 치르고 평온한 명절이 되었으면 기원한다. 10월, 11월은 각 단체에서도 문학기행이나 행사들이 즐비하여 바쁜 일정들을 소화해 내어야 하는 시기다. 몇 곳에 적을 두고 있는 나에게도 문학기행의 일정을 소화하기에 조금은 벅찬 달이기도 하다.

일정을 소화해 내려면 마음부터 넉넉히 베인 준비성이 있어야 하겠다. 아마도 문학기행 몇 곳 다니다 보면 벌써 겨울이라는 대문이 기다리고 있을 것이다. 멀리 불빛들이 가물가물 찬 서리에 잦아들고 있는지 어딘지 좀 힘이 빠지는 듯하다. 힘찬 여름의 기로에선 겨울은 절대 오지 않을 듯 지글거리고 강렬하지 않았는가.

한 사람의 마음부터 포근해지려면 나라의 평온도 무시는 못 할 것 같다. 연일 기 싸움으로 나라 전체가 출렁이는 모습에서 언제쯤 넉넉함이 베이어 이해성이 자리를 잡을 수 있을까. 괜한 잠꼬대가 되는 듯도 하다. 아마도 내 평생에는 보기가 쉽지 않을 듯도 하겠지. 나 같은 평범한 범민도 나라 걱정하는데 종사자들의 타는 가슴은 어찌 퇴치될 것인지.

하루가 멀다고 신문 지상이나 TV 화면의 범상치 못한 결과들이 시끌벅적해지고 있다. 먼 나라, 가까운 나라의 자연재해는 세계를 경악하게 한다. 서로 자기들의 필사적인 욕심에 애먼 국민들만 피해를 보고 목숨을 빼앗기고 있으니, 인간의 삶이 한갓 파리 목숨에 비하기도 한다. 과거의 전쟁이란 서로 밀고 당기고 하다 보면 기긴도 길었다는 아픔이었지만, 작금의 신생 무기는 대량 살상이 되고 있으니, 서로가 무서워할 겨를도 남지 않는 것 같다. 딸의 죽음 앞에 감사하다고 해야 하니...

가까운 곳, 우리 국민의 운명도 안이하게만 있어도 안 되는 갈림길에 있다. 마음을 놓으면 먼 곳의 처지와 무엇이 달라질 것인가. 힘을 모으고 성숙해지는 국민의 모습을 바랄 뿐이다.

# 녹음 짙어갈 때

매년 돌아오는 계절이지만 새싹의 시기가 지나면 한껏 물오름으로 눈을 정신없이 움직이게 한다. 푸름의 변화이다. 숲의 생태계에서 절정기에 이를 때를 녹음이 짙어 간다고 한다. 녹음이 짙어야 할 곳에는 인간의 이기심에 벌거숭이가 되기도 한다.

그때마다 숲을 가꾸기 위해 온갖 운동을 벌인다. 숲의 중요성과 숲 가꾸기의 필요성을 인식시킨다. 자연과 함께 조화롭게 살아 건강하고 삭막한 도시를 만들지 말아야 함을 강조한다. 숲 체험 교육하고 콘크리트 숲에서 살아가는 시민의 숲과 만남을 통해 이해하고 사랑할 수 있는 계기를 만들어야 한다. 숲을 가꾸고 보존하는 데는 꿈나무들인 어린이들을 위함이다.

청소년들이 푸른 자연의 공간에서 자라날 수 있게 하는 노력의 시작이다. 아름다운 숲을 만드는 데는 마을의 터전처럼 살아가는 주민에서부터 지키고 가꾸어야 한다. 날로 악화하고 있는 도심지의 작은 숲들을 지키고 도시 환경이 정화됐으면 한다.

녹음이 짙어가는 데는 비단 자연환경만의 일은 아니다. 일전에 어버이날을 맞아 친정어머니가 계시는 기장군 시 지정 노인 병원인 "효성 건강원"을 찾았다. 짙은 녹음처럼 꽉 채운 인생 여로의 우리 어르신들 불편한 몸과 마음을 이끌고 살아야 하는 황혼기를 접한다. 너무나 가슴이 찡해 옴을 느꼈다. 그중 친정어머니가 거동이 가장 어려움을 보고서 자꾸만 흐르는 눈물을 애써 감추느라 힘겨웠다.

바라보는 엄마의 눈 마주침에서 돌아가시면 울지 않게 하고 내가 우는 모습을 대하고 울지 말라고 한다. 그 말조차도 힘이 없다. 어찌해서 그렇게 삶의 막바지에 짙은 녹음을 간직하고 있어야 하는지 모르겠다.

많은 어른을 거느리고 있는 직원, 그분들은 언제나 그런 마음에서인지 전체 직원들의 소개 인사를 하였다. 큰절을 올리면서 눈물을 흘리는 직원도 몇몇 있었다. 보는 이로 하여금 가슴을 저리게 했다. 날마다 대하는 불편한 그분들의 손발이 된다는 것 아무나 할 수 있는 일은 아니다. 종사자 그분들이 아름다운 마음의 봉사심을 간직하고 있으리라 여겨진다.

5월, 애처롭고 순박하였던 둘째 아들, 4년 전에 여린 마음으로 청운의 꿈을 안고 미국 플로리다州로 유학길에 올랐다. 열심히 하여 주니어 하이클래스에서 우수한 성적으로 졸업을 했다. 새싹이 나고 녹음이 짙어질 때까지 얼마나 본인과 싸움에서 견디어 나기 갈망하면서 노력하였는지를 결과에서 판가름하였다.

8월이면 다시 새 학기를 맞아 미국 매사추세츠州 보스턴대학으로 입학한다. 축하해 주고 격려해야 할 일이지만 아이의 졸업식에도 제대로 한번 참석을 못 했다. 나 또한 상위 학업에 전진하고 있었기에 마음이 아주 허망하였다. 1주일이란 시간을 허비할 겨를이 없었기 때문이다. 아이도 그럴 것이다. 방학이 되어 출국할 때마다 하루 꼬박 걸려 비행기 타고 도착해야 하는 것을 10년 세월 넘나들었던 아이도 만만찮은 고생길이었다.

졸업식에는 아들의 후원자인 미국의 식구들이 단체로 7명이 참가했다. 자기 아이들은 학교도 자연학습으로 돌리고 그분들이 고마웠다. 미국 인디애나州에서 대학을 다니고 있는 큰아들이 졸업식에 참가하기로 비행기 예약이 되어 있었다.

천재지변인 허리케인이 올라오고 있어 비행기가 취소되고 결국 형도 불참하였다. 동생 졸업인데 부모님 대신으로 가야 함에 많이 아쉬워했다. 다음 또 플로리다州로 갈 일이 몇 번이나 있을 것인지... 자식이지만 건강하게 잘 견뎌 주고 열심히 해 주어서 고마울 뿐이다.

우리는 살아가면서 여러 가지 일을 우려하고 받아들이면서 지낸다. 시작이 있으면 반드시 끝도 있을 것이다. 새싹이 돋아나는 처음이 있으면 녹음 짙어 낙엽 지는 마지막도 있다. 힘들게 공부하여 얻어지는 몫은 다시 사회에 환원하는 계기가 되는 훌륭한 제목으로 거듭나기를 바랄 뿐이다. 푸른 숲이 되어 그 누구에게 그늘을 만들 수 있는 바탕이 되기를 염원하고 지원할 것이다.

어느 시기가 지나 아들들은 각자 일터로 돌아가고 둘이 합쳐 20년의 기간 뒷바라지가 꿈같은 세월이었다. 형설의 공이 길이 길이 이어가 뒷바라지한 사람의 몫이 될 것이다. 먼 하늘을 향해 날아가는 날개가 있다.

# 단순노출효과 이론

사랑에 있어 힘의 방향성에 대해 말하고 싶다. 이는 편지의 힘보다는 만남의 힘이 더 강하다는 것을 보여준다. 이런 것을 심리학에서는 '단순노출효과 이론(Mere Exposure Effect Theory)이라는 것을 접한다.

어느 나라에서 선남선녀가 있었다. 남자가 여자를 아주 많이 사랑했다. 두 사람은 직장 관계로 자주 만날 수 없는 처지라 멀리 떨어져 편지로 마음을 전하기도 한다. 여자를 아주 사랑한 남자는 사랑의 편지를 보내기로 마음을 먹었다. 남자는 2년여 동안 수백 통의 편지를 보낸다.

대단히 깊은 인연 관계가 되어 매사가 순조롭게 결혼까지 잘 맺어질 것을 기대한다. 많은 사랑의 편지 속에 두 사람 결혼하게 된다. 하지만 상대는 다른 사람이라는 것에 놀랄 수밖에 없었다.

편지 쓰고 사랑을 고백하고 정성을 얼마나 들었을지 짐작이 가고도 남는다. 두 사람 결혼 시기가 되어 2년여를 많은 편지를 써 보냈지만, 결혼은 그 상대가 아니었다. 단순노출효과라는 것이 이런 것일까. 다름 아닌 몇백 통의 편지를 전해준 우편배달부와 결혼하는 만남의 힘이 사랑을 키웠다는 것이다.

사람은 자주 보고 만나게 되면 호감을 느끼게 된다는 이론이다. 폴란드의 로버트 자이언츠(Robert Zajonc)는 호감 느끼는 감정 이론에서 사회적 분야와 정서적 신경과학 연구 이론이다. 사람은 자주 누구를 접하다 보면 정이 들어간다는 것이다. 몇백 통의 편지를 쓴 사람보다 몇백 통의 편지를 전해준 남자랑 결혼한다는 것은.

우리가 살아가는데도 가족이나 친구들도 자주 만나야 정이 가고 서먹함이 없어지는 경우가 된다. 부모님이나 형제자매들도 바쁘다는 핑계를 가지면서 자주 대면을 하지 못하면 호감 느끼는 감정 이론과 뭐가 다르겠는가 다시 한번 생각해 볼 일이다.

부모님이 남긴 여섯 형제가 있다. 모두가 여기저기 흩어져 살다 보니 만나는 횟수가 적어진다. 서울, 진주, 울산, 부산으로 자주 볼 수 있는 겨를이 많지 않았다. 그나마 요즘에는 통신의 효과가 좋다 보니 핸드폰 화면만 열면 안부를 물을 수 있고, 모습들도 쉽게 볼 수가 있어 단순노출효과에 많은 도움이 되는 듯하다.

기온이 오른 봄날에는 여섯 형제가 바쁜 시간을 내어 서울의 명성 지인 여러 곳을 여행하기로 합심했다. 당연히 부산의 중간 위치에 살고, 위아래 넷째가 되다 보니 모든 준비는 나의 몫이 되었다. 착실하게 다달이 보내오는 여행비가 차곡차곡 쌓이고 있다. 해외보다는 우리나라 서울의 곳곳이 더 아름다운 명성이 될 것이라고 잘 다독거리고 있다.

연로하게 사시지 못한 부모님이 항상 그리워지는 시기이기도 하다. 젊을 때는 커가는 자식 키우고 살아가기에 힘겨워서 부모님 챙기지 못하다가 본인들이 좀 살 만하니까 부모님은 가고 없다는 말들이 누누이 새겨지는 때이다. 나 또한 하노라고 했지만 무한정 그리움이 쌓이는 때가 있어 눈시울이 젖어지는 날도 여럿 날 있었다.

부모님께 못한 것을 거울삼아 오라버니 언니 동생을 챙기면서 봄나들이에 정을 쏟아볼까 한다. 이 또한 우리 세대만의 정이 아닐까도 싶어 진다. 요즘 젊은 세대들을 접하면 정이 아주 피폐하였다는 것도 이해는 간다. 아들들이 타국에 있다 국내 생활에 적응하기가 쉽지 않은지 조금씩 정이 줄어져 간다는 것을 느껴진다.

그래도 가급적 부모님과 함께하기를 바라는지 자주 서울로 행차하기를 종용한다. 마음은 가는데 생각만큼 넉넉한 마음의 미로가 쌓이지 않는 것은 어쩔 수가 없다. 세월에 장사 없다는데 조금씩 쉬어가며 살고 싶다. 글을 쓰고 시를 짓는다는 것이 안정된 마음가짐이 아니면 쉽지 않다는 것 지난 일 년의 나 생활 주변이 안타까울 뿐이다.

여느 단체의 장이라는 게 쉽지는 않으리. 여유를 가지고 차분히 글 쓰고 시도 짓는 그런 생활을 그려 본다. 어느덧 온전히 익어가는 세월이 되지 못할까 마음 한구석에 썰물이 밀려오고 있다.

가정사가 우선이 되겠지만 달마다 이어지는 행사의 장거리 이 또한 지나가리라는 생각으로 나의 모습도 익어갈 것이다. 인간만사人間萬事 새옹지마塞翁之馬라고 했다.

# 쓰레기 분리수거

지난날 우리의 조상들은 쓰레기 전쟁이라는 구호는 몰랐을지도 모른다. 삶의 생활이 나아지면서 쓰레기 수거에 대한 문제점이 나타나고 있다. 종량제 봉투를 구매하여 쓰레기 담아버리는 방식을 널리 퍼지게 한 것이 지금에 이르고 있다.

문명이 발달함에 따라 인류가 버리는 쓰레기는 기하급수적으로 늘어만 갔다. 그렇다면 구석기시대의 사람들은 주로 채집과 사냥하여 식량을 얻었기 때문에, 생활 방식이 동굴을 떠돌아다니며 살았다. 동물 사냥으로 뼈와 쓰레기를 그냥 동굴바닥에 버리면서 생활했기 때문에 쓰레기 문제점과는 상관이 없었을 것이다.

인류가 정착 생활을 하게 될 때는 농경과 목축업을 한 것으로 추정한다. 쓰레기를 그냥 땅에 묻거나 동물의 사료로 주었을 것으로 여긴다. 이후 문명이 발달하고 인류가 늘어감에 따라 배출하는 쓰레기는 점점 늘어만 갔다.

중세 시대 들어서는 쓰레기가 너무 많이 쌓인다. 도시 환경이 오염되고 전염병까지 확산하여 인류에게 큰 위험이 되었다. 방치된 사람들이 창밖으로 던지는 쓰레기도 있고 때론 배설물에 맞는 행인도 많았다고 한다.

나라를 다스리는 왕들도 아무렇게나 버리는 쓰레기를 해결하고자 다양한 방법으로 노력하였지만, 실효를 걷두지 못했다는 것이다. 산업혁명이 일어나면서 기하급수적으로 불어나는 쓰레기는 도시의 문제가 되면서 더 과중한 위생과 전염병의 시초가 된다. 기존 쓰레기를 그냥 방치할 수가 없게 된다.

계속 인류는 도시로 몰리면서 쌓이는 쓰레기는 도시 외곽으로 모아 두기로 하지만 이마저도 불가능하게 된다. 사람들은 점차로 개발하여 쓰레기 매립장을 만들어 처리하기 시작한다, 50년대 선진 나라에서 고안한 처음으로 폴리에틸렌 소재로 녹색 봉투의 시작으로 쓰레기를 봉투에 담아 버리는 방식이 널리 알려졌다는 것이다.

내가 84년 결혼하여 조그마한 5층 아파트에 기거했다. 그때는 우리나라도 분리수거라는 제도는 없었다. 1층에 살고 있었다. 아파트 자체의 쓰레기 버리는 소리에 살아온 세월이 귀에 쟁쟁하기만 하다. 시도 때도 없이 쓰레기를 아래로 던져 버리는 바람에 깜

짝깜짝 놀랄 때도 허다했다. 분리라는 것이 없었기 때문에 유리병이나 돌, 연탄재까지 그 어떤 것도 한 곳으로 버렸다. 차츰 기름보일러가 나오고 도시가스가 도래하는 지금의 아파트가 되었다.

그러다 쓰레기가 일상생활에 큰 사회적 문젯거리가 되었다. 우리나라는 옛날 한때는 건물 면적이나 재산세 등을 기준으로 수수료를 부과해서 쓰레기 처리를 한 적도 있었다. 우리나라가 쓰레기 종량제를 실행할 때는 그리 오래되지 않았다. 채 30년이 되지 않았다 한다. 1995년 쓰레기 종량제가 실시하게 된다. 區마다 색상별로 규격화된 쓰레기봉투를 구매하여 쓰레기를 덜 배출하도록 시도한다.

처음에는 인식이 잘 안되어 불법으로 소각하는 문제도 있었고 불만도 많았다. 강산이 세 번 바뀐다는 30년의 기간, 많은 변화와 쓰레기 종량제는 우리들의 생활사와 함께 일상의 자리매김으로 나아가고 있다.

재활 봉투 구입 비용을 줄이고 재활용할 것은 하여서 쓰레기 배출량을 줄이기 위해 여러 환경에서나 경제적인 소비에서도 큰 실효를 거두고 있다. 국력이 세어지고 수출, 수입이 늘어나 생활 소비가 상승할수록 쓰레기 처리가 난감해지고 있다. 선진국에서는 쓰레기를 묻기 위해 산 능선을 이용하기도 한다는 것이다.

지난날 발전이 없을 때 쓰레기를 파묻은 곳에 발전으로 인해 그곳에 대형아파트를 세웠는데, 그곳 주민들이 알 수 없는 병명으로 병에 걸리고 신생아의 조기 사망이 늘어 나라에서 조사하게 된다. 그곳에는 병원에서 나오는 폐기물 소각장이었다는 것을 신문에서 본 듯하다. 경제 발전이 인간의 건강을 해치는 매개가 되었다 싶었다.

지구의 어느 지상이나 인류가 먹고 버리는 쓰레기는 문제가 되고 있음을 시사하고 있다. 우리나라도 종량제봉투의 크기에 따라서 가격이 매겨져 구입할 수가 있다. 얼마 전 서울시가 공원의 한 매점에서 대형 100L 종량제 봉투를 쓰지 않도록 개정안을 입법 예고했다고 한다. 쓰레기봉투가 너무 무거워 청소하는 노동자들이 어깨나 허리를 다치는 것을 막기 위함이라고 했다.

여의도 벚꽃 축제 등으로 한강을 찾는 사람들이 늘어나면서 열흘간의 쓰레기가 101톤이라는 기록을 세웠다고 한다. 우리나라도 가구, 대형 쓰레기나 재활용품 등을 제외한 쓰레기는 종류별로 종량제 봉투에 버려야 한다.

대형아파트에 기거하는 경우 쓰레기 분리수거가 철저히 이루어지고 있음을 본다. 그래도 항상 정리하고 뒤처리해 주시는 종사자가 있어 감사한 마음이다. 내가 사는 이곳에는 아직은 음식 종량제로 금액은 물지는 않는다. 부산에서도 일부의 지역에서는 음식 종량제가 있어 시행 중인 곳도 있다.

## 밤의 설說

가을이 되면 풍성하다. 씨알 좋은 열매로 속이 찬 알밤을 연상한다. 어릴 때는 밤을 따고 줍고 삶아 쪄서 먹는 것으로만 알았다. 요즘에는 다양한 조리 방법이 있다. 떡이나 죽은 물론 스낵이나 사탕 제조에도 사용된다. 가을이 깊어 가면 밤송이는 고슴도치처럼 뾰족한 가시가 돋치어 하나둘씩 터진다. 밤송이를 꼬챙이로 까 보면 보통 세 톨씩 가지런하게 일렬로 들어차 있다.

밤나무는 아시아 각 나라에서 서식하며 특히 우리나라, 중국, 일본 등지에서 많이 생산되는 구황작물이다. 껍질이 단단하여 외부로부터 충격이 작으며 영양가가 골고루 풍부하다. 주로 참나뭇과의 밤나무에 열리는 밤송이가 일상의 먹거리와 가장 근접해 있는 밤이다.

밤나무가 활용하기에 좋은 점은 열매를 얻을 수 있고, 여름에는 잎이 무성하여 조경으로도 애용한다. 밤꽃에는 꿀을 채취할 수 있어 일거양득이 된다. 밤송이, 줄기, 잎 등은 염색재료로도 쓰인다. 또한 밤나무는 탄탄하고 잘 썩지 않으니 건축 재료로도 많이 활용한다. 제사상이나 위패를 만드는 재료로도 안성맞춤이다. 신라 시대 유적 경주 천마총의 주요 시설인 목곽木槨이 밤나무로 만들어졌다는 것을 이즘에야 알았다.

밤에 대한 유래는 다양하다. 또한 밤은 혼례 때는 부귀와 다산의 상징으로 여겨져 상에 오르기도 했다. 특히 폐백 올릴 때 시어머니 쪽에서 밤을 한 움큼 쥐고 신부의 치마폭에 던져주는 것은 다산의 징표이었다. 어릴 때 여러 번 본 적도 있었지만, 요즘에 와서는 그것도 무의미 되고 있다.

밤을 까게 되면 세 톨씩 가지런히 있는 것은 벼슬의 상징으로 보기도 한다. 좌, 우, 영의정의 벼슬에 비유하여 조선 시대 학자인 이이의 호 '율곡栗谷'과 관련이 있다는 설도 있다. 율곡의 아버지는 이느 스님에게 "아들이 크게 될 인물이지만, 호랑이에게 물려가 죽을 수도 있다."는 말을 듣는다. '어찌하면 좋겠나.'고 물으니 스님은 '뒷산에 밤나무를 천 그루를 심어라.'고 했다. 율곡 아버지는 밤나무 천 그루를 심어서 이이가 '밤나무 골짜기'란 뜻인 율곡이란 호를 갖게 되었다고 한다.

주말농장 주위에는 밤나무들이 많이 심겨 있다. 몇 년 전까지만 해도 바지랑대와 망태기를 들고 밤 따는 재미로 밤 가시에 많이 찔리기도 했다. 밤이 굵은 것은 탐스러웠다. 밤나무는 시부께서 젊었을 때 나무 심기를 좋아해서 산 주위에 듬성듬성 심었다고 했다. 가을이 되면 밤나무에 밤이 많이 열렸다. 다랑 농법으로 하지 않는 한, 산에 나무를 하지 않으니 숲이 우거지고 칡넝쿨들이 진을 치고 있어 들어가지를 못해 밤 따기도 어려웠다. 세월의 이기 속에 산을 둘러싼 부·울 고속도로가 생겨 수많은 차의 굉음 속에 밤나무도 제구실을 못 하는 것 같다. 개발 지역으로 산업단지까지 들어오면서 공장과 집을 짓기 위해 마구잡이로 나무를 잘라내어 밤나무의 생도 짧아지는 환경이 되었다.

한때는 욕심껏 밤을 따 와서는 무용지물이 되는 경우도 있었다. 밤은 보관도 어려웠다. 딱딱한 껍질이 있어 다른 과일에 비해서는 다루기는 쉽지만, 쉬이 벌레가 생기는 단점이 있다. 냉장고에 넣어 두어도 적정한 온도에 벌레가 생겨 우려가 컸다. 또 까먹는 것도 여간 성가신 게 아니었다. 다른 과일에 비해 일반적으로는 자꾸만 뒤로 처지는 열매가 되는 듯하다.

한여름이 되면 농장 주변에는 밤나무, 참나무 숲이 한데 어울려 바람이 부는 날에는 산 능선 전체가 반짝거리며 일렁이는 광경이 일품이었다. 참나무의 도토리도 주워 신토불이 묵을 만들어 주위의 사람들과 나눠 먹었던 기억도 새롭다. 도토리묵 만들기는 너무 정성이 많이 들어가 쉽게 포기하는 메뉴가 되어 버렸다. 한때는 남편이 만든 도토리묵과 삶은 밤 한 소쿠리로 새참거리가 그득했다.

이제는 가을이 되어도 알밤은 구경조차 힘들고 뒤 켠 단지 속에 도토리 가루만 쓰임 없이 자리를 차지하고 있다. 도토리묵을 만들면서 몇 년 전 추억들이 한 바구니씩 쏟아져 나온다. 도토리를 건조기에 48시간씩 건조시켜 아주 단단하여 어떤 기계로도 부서지지 않아 애먹었던 기억도 새롭다. 딱 한 곳에 가루로 부숴주는 곳이 있었다. 온천동 시장 할머니는 옛것을 선호하는 중탕집이었다. 도토리묵을 만들어 갖다 드렸더니 이것을 어찌 만들었냐고 그 옛날의 맛이라며 너무나 좋아하셨다.

선조들의 삶을 연명하는 식품들이 하나씩 사라지는 시점에서 모든 것이 쉽게만 살아가는 방식을 실감한다. 밤과 도토리의 일생이 쓰임이 있는 식용으로 영원할 수 있으려나. 나부터가 하나씩 잊어가고 있다. 밤이 부귀와 다산과 출세를 상징한다는데 유용한 상징물이 되었으면 좋으련만.

# 태풍

기후변화로 인한 이변이 일어난다. 예전과 달리 육지로 오면 약해졌던 태풍이 종류에 따라서 엄청난 폭우로 강풍까지 몰고 와 큰 피해를 주고 있다. 얼마 전 우리나라에도 태풍 '카눈'이 한반도 전체를 관통하면서 많은 재산 피해를 남기고 사라졌다. 여름만 되면 태풍의 위력은 갈수록 더 세어진다. 인간들의 한계가 올 수도 있겠다. 더 강해지는 태풍 앞에 철저한 대비책을 강구하여 인명 피해나 재산 피해를 줄여야 한다는 것이다.

지금쯤 지역 곳곳마다 태풍 '카눈'의 피해로 아픔 마음을 쓸어내리며 안정을 찾아가고 있으리라. 폭우만 쏟아지면 지대가 낮은 곳에 사는 분들의 고초가 이루 말할 수 없다. 인간은 그래도 지켜온 지역을 벗어나지 못하는 인정의 습성 때문일까.

태풍은 비단 우리나라뿐만 아니라 세계 곳곳에서의 피해 정향이 나타나고 있다. 그리스 신화에 나오는 괴물 티폰(Typhon)은 사납고 격렬한 바람을 부리고 불을 뿜는 거인으로 무서운 목소리로 울부짖는다고 했다. 태풍을 의미하는 티폰은 이 괴물에서 유래했다는 것이다. 우리나라에서 태풍이라면 중국에서는 강한 바람이 빙글빙글 돈다고 해서 맹렬한 폭풍인 구풍颶風이라고 한다.

미국인들은 카리브 연안에서 오는 폭풍 신 우라칸에서 따온 허리케인이라고 한다. 오늘날의 태풍은 예전 같지 않다. 태풍이 육지로 이동하고 나면 약해져 버리는 경우가 많았는데, 기후변화로 인한 해괴한 태풍은 육지에서도 엄청난 위력을 발휘하고 있다.

2년 전쯤 미국에서는 최남부 루이지애나주에서 슈퍼 허리케인 '아이다'가 올라왔다. 기상청에서도 안이하게 경보만 발령했다 한다. 허리케인 아이다가 미 동북부 지역까지 큰 피해를 줄 것이라고는 누구도 예상 못 했다. 약 1,100km까지 북상을 하고 뉴욕까지 덮쳐 호우와 강풍으로 큰 피해를 주었다. 늦게야 기상청은 홍수 경보를 내리고 통행금지를 선포했다는 것이다. 알 수 없는 기후변화의 강풍, 폭우는 세계 곳곳을 넘나들고 있다.

지난 7월, 중국 또한 5호 태풍 '독수리'가 상륙하였다. 느린 속도로 장시성과 후베이성을 거쳐 동북부 지역에 엄청난 양의 폭우가 내렸다. 이틀 동안 내린 비가 745mm로 140년 만의 폭우 기록을 남겼다는 것이다. 지역에 따라서는 2년 동안 내릴 비가 이틀 동안 1,000mm가 넘게 쏟아진 적도 있었다. 베이징 자금성이 물에 잠기고, 수많은 건물과 논밭이 물에 담겨 자동차들이 떠내려가는 기이한 일이 있었다. 이는 태풍 독수리가 뜨거운 수증기를 몰고 와 전례 없는 폭우를 쏟아부었다고 밝힌다.

전문가들은 기후 위기가 상륙 후 이 모든 것에 영향을 끼친다는 것으로 논문 발표를 하기도 한다. 태풍이 많은 습기를 머금게 되는 것도 해수 온도가 상승함으로써 태풍 상륙 후 습기를 열에너지로 활용하여 영향을 주는 시간이 길어지기 때문이다.

우리나라도 앞으로 이에 따라 강한 태풍이 북상하게 되면 큰 피해를 볼 수 있는 가능성이 없지는 않을 것이다. 태풍이 강해지는 위도가 적도 인근 해상에서 중위도 쪽으로 북상한다고 분석하고 있다. 자연의 위력 앞에 무너지는 인간의 처지가 마냥 나약해 보이기만 하다.

기후변화로 가뭄이 들어 물이 모자라면 그래도 인명 피해는 적어진다. 장마로 인한 태풍이나 강한 폭우가 상륙하게 되면 잃어버리는 피해가 더 커진다. 내가 어릴 적 약 65년 전의 일이다. 사라호 태풍이라고 했다. 많은 비가 와서 큰 연못의 둑이 무너지는 불상사가 있었다. 아래 동네에 사는 가옥들이 물에 휩쓸려 가고 인명피해가 많았다는 어른들의 말을 들었다. 강가에는 소와 돼지가 떠내려가고 말할 수 없는 피해를 가졌다고 했다. 지금의 그곳은 신도시가 들어와 밤이면 휘황찬란하게 불 밝힘을 보면 너무나 격세지감을 느낀다. 나의 삶도 살아온 횟수가 만만찮은 증거가 되고 있다.

기후 변화는 태풍만이 아니다. 기상 이변에 사막까지 물난리가 나는 나라도 있다. 허리케인이 많은 이변을 주고 있다. 사막에서 물난리가 나서 큰 피해를 보였다는 보도는 연평균 강우량의 절반이 불과 몇 시간 만에 쏟아진다는 폭우로 사막에서도 몸살을 앓고 있다.

또한 지구온난화로 인한 기후 재앙은 지구 곳곳에서 맹위를 떨치고 있다. 대기 평균 온도가 급상승하여 스위스에서는 빙하와 만년설이 사라질 위기에 처했다는 것이다. 40도의 폭염으로 나라 전체가 비상이 걸리는가 하면 최근 몇 년 사이 대기 온도의 상승으로 심각한 환경이 되고 있다.

기후변화로 인한 피해는 온도 급상승으로 최악의 폭염과 산불의 위험도까지 커지고 있다. 엎친 데 덮친 격으로 기후변화는 인간들의 심리를 시험해 보기라도 하듯 한편으론 기쁘고 한편으론 안 됐다는 일희일비一喜一悲하는 것 같다.

## 제3부

# 수측다욕壽則多辱

꼭 장수하는 것만이 아름다운 것이 아니라 주위 환경에 맞게 어떻게 살아서 현명한 삶이 되느냐가 더 중요할 것이다. 적당한 운동으로 즐기며 남에게 피해 주지 않는 삶이 되는 것이 오래 살아가는 비결이 된다. 마음의 욕심을 버리는 것 또한 삶을 윤택하게 하는 지름길이 아닐까를 생각해 본다.

송차식
네번째 수필집

# 그곳에 가면

화창한 날씨다. 떠나는 마음도 덩달아 들뜬다. 차창 가의 물결치듯 지나가는 가을의 정취가 한눈에 들어온다. 누렇게 익어가는 볏논은 지평선이 가물거리도록 펼쳐져 있는 것이 퍽 인상 깊었다. 군산 '채만식 문학관'을 찾아 여러 가지 작가의 일면을 살펴본다. 그 당시의 시대 상황을 말해 주듯 작품들에서 많은 것을 엿볼 수 있었다.

문학관에 들르니 외모가 출중한 작가가 훤하게 웃고 있다. 깔끔한 양복에 중절모를 눌러쓴 작가는 어느 모로 보기에는 부유한 가정의 모습이다. 보기와는 달리 가까이서 보는 채만식은 우리의 마음을 슬픔으로 가득 차게 했다. 작가는 일제 강점기 우리나라의 암울한 역사와 함께 어려움을 겪는다. 그의 생애는 날개 꺾인 비둘기처럼 참담한 생활고에서 원고지를 구할 수 없어 한

두 장을 구걸한다. 가족들의 생계를 저 버릴 수밖에 없었던 그의 생애가 문장가로서의 아픔으로 전해졌다.

그의 대표작인 〈태평천하〉와 〈탁류〉는 다양한 문제들을 내포한다. 태평천하는 1930년대 조선의 현실을 비판적으로 반영하고 있는 작품이다. 현실 반영과 작가 의식의 문제를 탐구한 것들이 있으며 식민지 조선 현실의 반영 면에서 당대 문학의 대표적 문학이라 할 수 있다. 〈탁류〉가 식민지의 왜곡된 근대화 과정을 비극적 사건들의 전면적 묘사를 통해 드러낸 작품인데 비해 〈태평천하〉는 당대의 부정적 현실을 작중 인물들이 풍자라는 우회적 방식을 통해 드러낸 작품으로 밝혀져 있다.

문학관을 뒤로하고 가을 일손들이 한창 움직이고 있는 차창 가를 쏜살같이 지나 고창으로 달린다. 고창에는 미당 서정주의 문학관이 있다. 지난날 학교 건물을 다듬어 가꾸어진 곳이다. 건물 한 모롱이에는 끝 모르고 뻗쳐 있는 담쟁이로 울긋불긋 사진 찍기에 분주하기도 했다. 동네를 들어서니 아낙들이 여기저기 일을 서두르고 있었다. 농촌에서 직접 가꾼 농산물인 땅콩, 은행, 애호박 등을 가지고 나와 팔고 있는 어른들은 영락없는 시골의 향취 그대로이다.

작가의 지나온 생애를 둘러보고 수많은 작품에서 파란만장한 작품 활동의 면모도 보았다. 특히 미당 서정주는 친일 작품을 발표하여 지탄을 받기도 한 작가이다. 생가는 폐가처럼 잡초들이 바람에 흩날리고 인공으로 조경된 낮은 국화꽃들만 생기를 돋우고 우물가의 감나무마저도 늘어져 있었다. 그의 작품은 시대 따라 달라졌지만, 고향에서의 인심은 여전히 외로움을 돌려받았을 것이라는 추측도 해 본다. 마을의 정취가 미당의 고향이 풍겨 있음인지 멀리 슬레이트 지붕에 국화꽃 모양의 형체가 아련히 시야를 매혹되게 했다. 머릿속에서 맴을 도는 서정주의 〈국화꽃 옆에서〉가 되뇌어지는 것은 어쩔 수가 없었다.

한 송이의 국화꽃을 피우기 위해
봄부터 소쩍새는
그렇게 울었나 보다.
한 송이의 국화꽃을 피우기 위해
천둥은 먹구름 속에서
또 그렇게 울었나 보다

다시 차를 돌려 기녀 시인으로 유명한 매창의 묘소가 있는 부안 매창공원梅窓公園을 찾았다. 공원에는 허균의 〈매창의 죽음을 슬퍼하며〉라는 시가 새겨진 시비도 있었다. 〈이화우梨花雨〉는 이 매창이 연인이었던 유희경과의 이별을 슬퍼하며 지었다는 시다.

함께 했던 분 중에는 묘소에서 고개를 숙이고 절을 하기도 했다.

돌탑에 새겨진 〈이화우〉 시가 유난히 눈에 띄었다.

이화우 흩날릴 제 울며잡고 이별한 님
추풍낙엽에 저도 날 생각는가
천리에 외로운 꿈만 오락가락하노라

매창은 조선 중기의 기생이자 여류시인으로 호는 매창이며 본명은 향금이다. 송도의 황진이와 비길만한 유명했던 부안의 문장가와 명기였다. 북쪽에 황진이가 있었다면 남쪽에는 매창이 있었다고 할 정도로 그녀는 시와 거문고에 뛰어나고 능란했다. 그리고 당대에 탁월하였던 유희경, 허균 등 문인들과 교류하면서 시 수백 편을 남겼으며 사후에 수십 편이 수록된 매창집이 발간되었다. 그녀는 시와 가무에도 능했지만, 정절의 여인으로 부안 지방에서 400여 년 동안 사랑받아 오고 있다. 이 모두는 매창이  시 하나만을 가슴에 품을 수 있었던 진정성으로 고귀한 삶의 가치가 아닐까 싶다. 수많은 혼돈 속에서 한 가지를 품는다는 것이 살아가는 사람의 멋과 맛이 어우러지게 된다는 생각이 든다.

가을 기행을 하면서 어떤 곳에서 누구와의 인연으로 기행 목적을 하느냐에 따라서  다양한 앎의 양식을 얻을 수 있는 절실한 경험이 되었다. 이틀 동안 정겨운 분들과의 가을 기행이 지난날의 추억으로 깊이 간직될 것이다.

# 기후변화

한반도의 날씨가 걷잡을 수 없다. 중부는 폭염에, 물벼락, 남부는 찜통더위, 세계의 변화는 이미 옆에 와 있다는 것을 실감한다. 항상'구호만 있고 대안이 없다'는 글귀에 수긍이 갔다. 미국의 어느 국립공원에는 전에 없던 폭우로 홍수가 나고 산사태로 언덕이 무너지고, 교각이 유실되어 떠내려가고, 도로도 끊어지는 변화를 가져왔다.

특히 북쪽으로는 복구하는 데만 수개월이 걸린다고 한다. 천년에 한 번 있을까 말까 한 재해라고 전문가들은 말한다. 이런 홍수 피해가 기후변화에 따른 것이라고 진단을 내린다. 반대로 다른 지역에서는 기록적인 폭염에 시달리고 있다. 최근에 캘리포니아 데스밸리라는 지역에서는 기온이 50도를 기록한다니 사람이 견딜 수 없는 폭염이다.

지난날 큰아들이 미국 애리조나주 세도나에서 고등학교에 다녔다. 졸업식에 참석하기 위해 한국에 있는 미국인 가족과 열 명이 세도나에 간 적이 있다. 그런데 당시 45도의 기온으로 100년 만의 최고기온이라니 아찔하기도 했다. 가득 찬 호수가 마르고 집집의 잔디에 물 주기도 주 1회로 줄일 만큼 변수가 생겼다.

유럽에서도 최악의 가뭄으로 이상 고온 현상이 일어난다는 것이다. 프랑스의 어느 지역은 1인당 200L만 물을 제한할 정도로 수돗물 공급이 어렵다고도 한다. 세계 기상기구 대변인은 기후변화로 폭염이 더 일찍 시작되고 있으며 불행한 미래를 미리 맛보는 것으로 우리가 현재 겪는 일이라고 했다.

기후변화는 점점 피해가 더 심해지고 있으며, 전 세계를 덮은 가뭄으로 식량난이 발생할 수 있다고 우려하고 있다. 모건스탠리 분석 연구는'기후변화에 대한 두려움 때문에 아이를 갖지 않기로 하는 사람이 늘고 있다'는 것이다. 우리나라의 인구 감소에는 그나큰 재앙이 되는 실정이다. 진행된 기후변화는 이미 막을 수 없는 갈림길에 섰다.

각 나라의 기업에서는 기후변화 대응 기술에 막대한 돈을 쏟아붓고 대기 중 이산화탄소 제거 기술과 탄소흡수 단백질을 인공지능을 통한 많은 연구를 진행하고 있다. 우리나라에서도 온실가스 배출량을 대폭 감축하고 미래에 가서는 탄소중립을 이룰 것이라고 한다. 매사에 취지는 공감하지만, 비현실적인 반응에 직면하고 있기도 하다. 구호만 있고 탄소 저감 기술에 지원이나 구체적인 목표나 종합적인 계획이 없어서는 안 될 일이다.

기후 위기 해결에는 함께 힘을 합쳐야 한다. 지난해에는 지구인에게 고한 대담이 있었다. 인도의 불교 지도자인 달라이 라마와 18세 청소년 기후 운동가인 그레타 툰베리의'기후 피드백 루프'였다. 즉 시스템에서 처리 결과인 정밀도, 특성유지를 위한 입력, 처리, 출력, 입력순으로 결과를 자동적 재투입 설정된 순환 회로라는 것이다.

다행히 직면한 가장 큰 기후 문제에 두 사람이 함께 해결책을 내어놓았다는 것이 인류에 크나큰 희망을 던져주었다. 운명공동체라는 의식, 즉 달라이 라마는 지구상의 사람들을 합쳐서'우리'로 묶는 감정을 강조했다. 그레타 툰베리는 지구온난화로 기후와 생태계에 인간이 통제할 수 없고 결코 되돌릴 수 없는 연쇄반응이 일어날 위험을 호소한다. 기후의 위기는 몇몇 사람이나 단체들의 힘만으로는 해결이 가능할 수 없다는 결론이다. 지구인 모두가 힘을 합쳐야 비로소 해결의 실마리가 잡히며 우리의 미래 비전이 있다. 두 분의 기후변화 해결책이 미래의 밑받침이 되기를 바란다.

우리나라도 탄소 배출량이 작년에 비해 적잖게 증가했다. 주요 원인이라면 탈원전으로 원전 비율을 줄이는 과정에서 천연가스나 석탄 등 온실가스 배출이 많은 화석연료 사용이 늘어났다. 즉 인구 한 명당 배출한 온실가스 또한 예년에 비해 증가하면서 해마다 늘어가는 추세이다.

지난날 졸업논문으로 태양열에 대한 조사를 한 적이 있다. 우리나라의 앞으로 나아갈 〈태양열에너지 발전현황 및 활성화 방안에 관한 연구〉로 태양열 설치 지역을 방문하고 그 지역 분들을 만나서 조사한 기억들이 서서히 살아난다.

태양열 에너지는 탄소 배출량 줄이기의 해결 방안이지만, 태양열 이용한 냉난방시설은 아직 시설비용이 많이 들어 지원 없이는 설치가 쉽지 않다. 특정 지역인 학교나 병원, 실버 요양원 등으로 늘어가고 있다. 차츰 전원주택이나 산간벽지 주택으로 보급이 많이 되어 온수나 난방을 데우는데 부족한 전기 수급이 잘됐으면 하는 바람이다.

지난 몇 년은 태양광에너지를 선호하는 추세였다. 태양광은 빛에너지를 직접 전기 에너지로 변환시키는 발전 방식이다. 산간지역이나 작물 재배하는 농가의 노지에 많이 설치한다. 이로 인한 농가의 부가 소득 창출도 있었으나 산사태의 주원인으로 피해도 많이 주었다.

모든 에너지의 생성 요인은 기후변화를 가져올 수 있는 원인이 되기도 한다. 매사는 장단점도 따른다는 순리이다. 결국 기후변화는 우리 인간이 만들어 낸 재앙이라는 생각이 든다.

# 때는, 휴가

무더위가 기승을 부린다. 사람들도 약한 자들의 취약점이 된다. 불볕더위에도 살아남는 것은 정말 강인해 보인다. 오히려 내리쬐는 태양에 고개를 들고 있는 식물들이 더 고귀해 보인다. 인간들도 체감온도 40도를 웃도는 때는 견딜 수 없어한다.

냇가는 이미 물이 말라 그냥 촉촉하기만 하다. 주위는 인적이 드물다. 작년 휴가철에 너무 많은 인파가 몰려드는 바람에 물 소동이 있었다. 물이 적어서 오전, 오후로 시간제 할 것이라고 그곳 관계자는 계속 연락이 온다. 그 여파가 있었음인지 인적이 한산한 것 같다. 우리는 아랑곳하지 않고 잔디도 깎을 겸 먹거리 준비하여 그곳으로 갔다. 물이 모자랄 리가 없다. 내리쬐는 불볕더위이지만 물은 얼음처럼 시원했다. 샤워할 때는 온수를 써야만 했으니까.

매미들이 유독 생의 마지막 발악을 하듯 목청 높아 운다. 소리도 각양각색이다. 먼저 애매미가 선창하면 쓰르라미매미가 후창을 하고 왕매미도 뒤를 이으면 마무리는 오이씨 매미가 정신없이 울어댄다. 시옷이 시옷이, 맴맴맴 매, 윙윙윙 울어대는 소리도 다양하다. 짝을 찾기 위한 암컷 부르는 소리, 삶의 마지막 정적을 알리기라도 하는지 때론 감미롭기도 하고 때론 처량하게도 들린다. 보고 듣는 것이 전부가 아니라는 것, 보이지 않는 경지가 훨씬 더 소중하다는 것을 매미로부터 배운다.

더위에도 파릇파릇 푸를 수 있는 잔디의 기개는 어디서 나올까. 웃자라 있는 잎을 잘라 준다. 그다음 날 벌써 오롯이 고개를 내민다. 저녁에 이슬을 먹고 더위를 이겨내는 비결인가 싶다. 더울수록 밤에는 이슬을 맺히게 하는 원인이 되나 싶다.

비가 내릴 기미는 전혀 보이지 않는다. 밤이 되면 수많은 별이 반짝인다. 천체 망원경이 아니라도 별의 크기를 재며 볼 수 있다는 곳이 울어대는 매미 소리와 이슬이 맺히는 것과는 일맥상통할 것 같다.

매년 8월 휴가철이 되면 가족과 한적한 이곳을 찾는다. 집 안주위를 말끔하게 정리를 한다. 잔디를 깎고 큰 잡초들은 낫으로 잘라준다. 햇살이 강할수록 곤충들의 기세는 더 힘이 세어지나 보다. 남편이 조그마한 벌에 쏘였다. 입술 둥치가 금방 부어오른다. 엉겅퀴 연고를 발랐다. 체격에 맞지 않게 작은 곤충의 침에 맥없이 당하는 것 같아 웃음이 나왔다. 그다음 날은 후지 챔피언 사과나무에 풀을 정리하다 눈 밑에 또 벌을 쏘였다. 눈 아래가 불룩하게 부풀어 올랐다. 엉겅퀴 연고가 조금은 부기를 가라앉게는 하지만 안쓰럽다. 그 정도면 벌침을 맞은 셈 치고 다행인 것 같다.

아들들이 바빠서 휴가는 단출한 가족이다. 오랜만에 남편이 편안하게 정자 위 안락의자에 비스듬히 앉아 낮잠을 즐긴다. 평소에 부지런함이 몸에 배었는지 한시도 쉬지를 않는다. 세상만사 다 버리고 긴 잠에 빠지고 있다.

식물은 잡초일수록 더 강인하게 살아난다. 잡초의 최고봉이라면 바랭이 풀(바래기)이 여름에는 왕성한 활동을 한다. 뿌리가 얼마나 튼튼하게 터를 잡는지 내 힘으로는 뽑히지를 않는다. 한여름 태양 아래 텃밭 잡초를 매어 보지 않은 사람은 잡초의 무서움을 모른다고 할 정도로 강인한 풀이다.

한때는 쇠비름이 건강에 좋다 하여 모두 얼마나 많은 진액도 담갔던가. 쇠비름의 생애는 만고에 잡초라는 것을 풀을 뽑아내면서 본다. 어릴 때는 잎이 둥글고 탱탱하고 싱그럽다. 번식력이 대단한 것 같다. 수도 없이 돋아난다. 일주일만 시간이 지나면 온 밭이 쇠비름의 세상인 양 자리를 메운다. 자라는 속도가 얼마나 빠른지 크기는 커다란 양재기만큼이나 두둑하게 뚝심도 있다. 대신 인간의 도구 앞에는 연약하고 부질없다. 뽑힌 쇠비름은 강인한 햇볕에도 쉬이 시들지 않으며 서서히 마른다. 정말 강인한 잡초이다. 어린아이도 너무 애지중지 감싸며 키우기보다는 잡초처럼 키워야 강인하게 자라지 않을까 싶다.

잔디밭 언저리에 보리수나무 한 그루가 있다. 개량종으로 해마다 보리밥이 발갛게 수도 없이 열린다. 아는 분에게 번갈아 따가게 한다. 발갛게 익은 보리밥 따기에 정신이 없다. 우거진 나무 사이에는 조그마한 땡 벌이 앙증스럽게 집을 짓고 놀이를 한다. 어느새 보이지 않던 벌이 나타나 손을 쏘아댄다. 조그맣다고 예사롭게 볼 일이 아니다. 따끔함과 동시에 손등이 부어오른다. 강인한 곤충이다. 벌들은 생애 한번 쏠 수 있는 침이 있다는데 방어책으로 쓰이지만 부질없게 목숨을 잃게 되는 것은 안타깝다.

인간이나 식물, 곤충들은 제각기 자기방어를 위해서는 강인해져야 한다.

# 마음 가는 곳으로

아들이 외국으로 떠난 지 십삼 년이란 세월이 흘렀다. 그동안 이국을 나가 다니느라 고생도 많았다. 잘하여야 한다는 부담감으로 항상 어깨가 무거웠을 것이다. 유달리 살이 찌지 않고 마른 아들이 애처롭기 그지없다.

시기가 오월인 보스턴대학을 졸업하고 일자리를 잡기 전에 비자 만료가 되어 고국으로 돌아왔다. 휴식을 취하고 영양 보충을 해야 할 것 같아 차라리 다행이란 생각이 들었다. 아들은 또 언제 어느 때 어느 곳으로 가야 할 것인지 기약이 없다. 멀리서 인터뷰 요청이 들어오고 여러 곳에 낸 입사원서의 결과를 기다리고 있다.

어쩌면 부모와의 가장 많은 시간을 할 수 있을 기회인지도 모른다. 좀 더 고국의 이미지를 보여주고 싶은 마음이 가득하다,

부자父子가 의논하더니 먹을거리가 많고 조용한 보성군 벌교를 중심으로 여러 곳을 다녀오기로 한다.

2박 3일의 나들이는 정겹고 허뭇한 여행이 될 것 같다. 여행의 여유가 그리 쉽지 않은 남편은 아들과의 동행이 환상적인 꿈이었는지 그 시간을 즐겼다. 남자들에 비해 여자들은 이런 국내의 여행은 그리 어렵지 않게 다녀오는 경우가 많다. 나 자신만 해도 문학기행이다. 문화 답사다. 학술 세미나에서의 기회가 종종 있었기에 여러 곳을 다녀온 경험이 많다.

아들이 안내를 담당하고 전남 보성군 벌교와 주변의 여러 곳을 관람하기로 한다. 마치 꼬막의 철이라 미식가들의 입맛을 돋우는 꼬막 정식 회관을 찾는다. 유명 인사들의 이름을 즐비하게 붙이고 맛깔스러운 꼬막 요리를 내놓는다. 보기만 해도 많은 유명인이 찾는 이유를 알 것 같았다. 정성스러운 요리는 간이 잘 맞아 먹는 즐거움이 되었다. 간간이 빗방울이 떨어졌다. 태백산맥의 작가 조정래 문학관을 둘러본다. 평일에다 비가 내리는 문학관은 조용하고 한산하기만 했다. 일하는 안내원들만 앉아서 반갑게 맞이한다. 작가 조정래의 문학 공간을 둘러보고 작가의 정신에 찬사를 보낸다. 주위는 야트막한 산으로 둘러싸여 있어 호젓하다고 할까.

근거리에 위치한 낙안읍성을 찾는다. 읍성에는 며칠 후에 축제가 있어 종사자들이 바쁜 나날들이다. 초가지붕을 새로 여미고 지난 주말 태풍이 핥고 간 잔해들을 치우느라 분주하다. 향토 민박과 돌담 초가집들의 정겨움이야말로 읍성의 묘미이다. 자연 그대로의 돌담길이 옛 모습 그대로 재연해 보인 듯하다. 흰 치마 저고리에 앞치마와 수건을 둘러선 여인들의 놋그릇 닦는 재연은 옛날 어머니들의 생활사를 보는 듯도 하다. 길목마다 맨드라미와 꽃의 향기로 읍성의 세월을 지켜주고 있다.

읍성에는 여러 번 둘러본 적이 있다. 많은 동문이 함께였기에 세세히 볼 수는 없었지만, 이점 또한 눈에 들어옴은 한적한 마음의 여유일까. 가는 곳마다 장사 군들의 성화에 조금은 눈살 찌부러지는 광경도 보인다. 이런 것들이 보완되었으면 하는 마음을 가져본다.

가는 비가 내리고 해가 빨리 지나가는 듯하다, 녹차로 유명한 보성의 녹차밭으로 이동한다. 많은 관람객이 이곳저곳 차밭을 오르내리고 있다. 가는 곳마다 입장료도 만만치 않다. 야트미한 오르막길을 걸어서 그림처럼 펼쳐진 녹차밭, 손길이 닿지 못한 곳은 야생초들의 전쟁터인 양 즐기는 차밭, 많은 인력이 필요해야 하는 차의 묘미, 그냥 맛으로 마시기에는 안쓰럽기도 한 일터 같다는 생각이 벗어나지를 않는다. 저렇게 많은 밭을 누구의 손길일까 하는 마음에 나 또한 주말농장에서의 일하는 경험 때문이 아닐까 싶다.

오르고 내리고 차밭 주위를 한 바퀴 돌고서 편안한 자리를 찾아 녹차 맛을 음미해 본다. 차 맛이 일품이라는 곡우 차를 한 잔씩 시식한다. 조금의 값은 있지만 곡우 전에 땄다는 우전 차 한 통을 샀다. 차를 마시는 방법부터가 익숙해져야 차를 마시는 매력에 빠지지 않을까 싶다.

따뜻하게 차를 마신 후 서둘러 여정을 풀어야 할 곳 완도로 달린다. 조용한 완도 바닷가의 올망졸망 고깃배들이 한눈에 들어온다. 그곳의 싱싱한 횟감을 그냥 지날 수는 없다. 제철이라고 하는 큼직한 돔을 한 마리 주문했다. 회를 좋아하는 우리 가족은 멋진 환상의 저녁 식사가 되었다. 그리고 해수탕이 있는 관광호텔에서 상상의 나래를 펼친다.

# 변화 무쌍한 날씨

수업하는 그룹에서 나들이했다. 논문 써야 하는 부담으로 힘들어하는 시기이다. 한 학기 공부하느라고 지친 마음을 맑은 공기 속에서 즐거움을 찾는다. 목적지는 기장군 장안읍 장안사 근처, 10시 반 온천장에서 출발 11시가 조금 지나 도착했다. 기상 예보는 태풍이 올 것이라 한다. 묵직하게 흐린 날씨는 금방이라도 한차례 쏟아질 것 같은 기세다. 오후 늦게 쯤이나 태풍이 올 것 같다.

7월 말일쯤 연꽃 축제가 열린다는 연꽃 밭 주위를 둘러보았다. 백련, 홍련의 조화 속에 꽃의 자태가 정말 아름다웠다. 1,300년 자리 지킴이 느티나무가 거대한 밑둥치를 자랑하고 있다. 장안리 마을 주민들은 고리 원자력과 주위의 지원으로 연꽃 축제를 치르기 위해 그날은 모든 농사일을 접고 봉사를 한다.

첫날에는 불광산 장안사長安寺 산자락에서는 작은 음악회가 열린다. 축제 속에 연꽃들은 만면의 웃음으로 자태를 자랑할 것이다. 둘째 날에는 주민들의 정성 어린 연밥과 연술, 연차 등의 음식을 제공한다고 한다. 그날은 연차 판매도 이루어진다. 작년에 이어 2회가 되는 연꽃 축제는 성황리에 이루어질 것이다.

일찍 피어서 벌써 따개비처럼 연통 모양을 하고 있는가 하며 아직 피지 않은 몽우리는 아가의 주먹 같아서 무척이나 앙증스러웠다. 축제날을 맞아 바삐 피어오른 연꽃들은 연일 찾아오는 구경꾼들에게 기염을 토하고 있다. 백련, 홍련, 두 가지 색으로 조화를 이룬 이차적 색의 연꽃 색깔이 잎사귀의 연초록을 더욱 선명하게 드러낸다.

흙을 만지는 일을 처음 해 본다는 학우들은 더위에도 아랑곳하지 않고 호미 들고 딸기밭의 잡초를 매어 보는 학우, 농민들의 심정을 알 것도 같다면서 호들갑을 떤다. 얼마나 많은 비가 오려나. 무덥기가 한증막 같다. 온몸과 얼굴에서 물줄기 덮어쓴 모습이다. 그대로 맑은 개울가로 덤벙 팔과 다리를 담근다. 그때는 정말 개운한 기분이다.

장작불에 올려놓은 토종닭 삶은 솥에는 열기가 달아오르고 있다. 길어지는 장마에 바싹하게 마른 장작들이 눅눅한 지경이다. 불이 잘 붙지를 않는다. 작은 삭정이들을 긁어모아 불을 짚어본다. 가스 페치카를 이용하여 끝까지 타오르는 불꽃으로 만들었다. 노글노글하게 토종닭은 잘 익었다.

모두가 둘러앉아서 한 그릇씩 게 눈 감추듯 했다. 입맛에 맞지 않는다고 하는 형숙이는 양념한 갈비에 현지 조달된 상추랑 싱싱한 풋고추로 맛난 점심을 했다. 후식으로 여러 가지의 제철 과일과 아라비카 100 커피가 제대로 향기를 품어준다. 이번 나들이는 학우들의 가슴속에 많은 여운을 남겼으리라, 더위가 물러가고 잎사귀들이 조금씩 물들어 갈 즈음이면 다시 한 번 좋은 기회를 가져 봐야겠다.

여러 가지 채소들을 심은 밭에서 수확하느라고 더위도 잊은 채 한 보따리씩 안겼다. 다음날 식탁에는 푸성귀로 전날의 체험을 떠올릴 것이다. 오후 6시가 되어 이곳을 벗어나 갈매기가 나는 근처 칠암 바닷가로 가기로 한다. 망망대해의 바닷가가 그리운 것은 말할 것도 없다. 생각만 해도 즐거운 나들이였다.

친구가 운영하는 진문 볶음 칫집 "알리딘"에서 향기 좋은 차 한 잔에 심신을 안정시킨다. 속까지 시원한 팥빙수는 이날의 하이라이트이었다. 태풍이 몰려오고 있음인지 부산에는 장대 같은 비가 쏟아지고 있다는 전갈이 메시지를 통해 속속히 날아온다. 집안에서는 지금쯤 어디에 있느냐고 재촉을 한다.

그 시간 같은 하늘 아래이지만, 한 방울의 비도 내리지 않았다.

친구는 향이 다른 리필 커피까지 맛을 보이고 우리들은 얼른 서둘러 나왔다. 바닷가를 한 바퀴 돌아보고 싱싱한 건 해산물도 장만할까 했는데 태풍이 온다는 탓인지 벌써 깨끗이 정돈된 상태이다. 조금은 아쉬움도 있었다.

좌천 5일 시장 산길을 지나 정관 신도시 쪽으로 막 들어서는데 장대 같은 비가 쏟아지기 시작했다. 차량의 운전대가 휘청거림을 느꼈다. 국도는 이미 물바다가 되었고 달리는 차들의 물벼락은 아찔했다. 앞이 보이지 않을 정도로 빗줄기가 창문을 때린다. 운전하면서 오랜만의 일이었다. 뒷좌석에 앉은 사람들은 이 상황에 대해 아무 예측도 없이 마냥 자기들 얘기에 꽃을 피운다. 나 또한 운전자가 아니었으면 그렇게 했을 것이다. 사고는 불의不意에 일어나는 순간적인 일이란 걸 실감하는 순간이었다. 아무 일 없었던 짧은 순간이었지만 불안했다.

철마를 지나 시내로 들어오니 언제 비가 왔는가 싶게 가랑비가 내리고 있었다. 산 능선 하나 차이로 기후의 변화는 손바닥 뒤집듯 한다. 무더위 속의 나들이는 많은 감명과 함께 멋진 추억이 될 것이다. 더욱더 깊은 우정으로 따뜻해지기를 바라는 마음 기대해 본다.

# 봄날 기억의 뒤안길

날씨가 영글도록 맑았다. 오래전 기회가 되면 꼭 한번 들러야겠다고 머릿속에 잠재되어 있었다. 때를 놓친 것 같아 더 감회가 깊었다. 협회의 문학기행 사전답사로 양동마을과 울산 대밭길을 가기로 한다.

오월의 마지막쯤, 거리의 풀잎이나 논밭의 작물들이 바짝 목이 타들어 가는지 겸손에 도가 지나치도록 고개를 숙이고 있다. 비 소식이 없어 안타까울 뿐이다. 영남지방 일대가 유독 심한 것 같다. 경부고속도로를 달려 경주를 지나 한참을 가니 마을이 보인다. 1984년에 국가 문화재로 지정된 양동마을이 한눈에 들어온다. 마을 입구에 닿으니, 세계문화유산이라고 간판이 큼직하게 펼쳐진다.

주차장이 널찍하니, 우리들을 반긴다. 함께한 문우들이 모두

무료 선사들이 되어 주민등록증으로만 입장료를 지불했다. 평일에 많은 관광객이 있을 리는 없었다. 거기서 기거하는 주민들만이 간간이 볼일뿐 조용한 관광지였다. 여기 또한 지난 코로나의 여파가 없지는 않았다.

양동마을은 옛 신라의 분신이다. 고택들이 여기저기 흩어져 있었다. 대궐 같은 집도 있고 짚으로 영근 초가집들도 많았다. 한동안은 전국에 관광객들의 집산지였다는 것도 짐작할 수 있었다. 길가에는 누군가 심었다고는 할 수 없을 정도로 다양한 색깔의 접시꽃들이 군락지처럼 성성하게 피어 있다. 건조한 흙길이 먼지를 풀풀 날리며 간간이 오는 객들을 맞이한다. 도중에 큰 노송나무가 있어 땀을 식히는 나그네의 안식처로 한가로움을 선사하기도 했다. 노송나무는 신라인들의 결기로 마을을 지켜오지 않았을까.

지금도 이곳에 기거하면서 고향을 지키는 분들이 많아 여러 농작물이 드문드문 심어져 잘 자라고 있다. 대궐 같은 기와집 사이로 자두랑 살구 열매를 보호하기 위해 그물로 뒤집어씌운 것이 퍽 인상 깊었다.

2010년, 역사 마을인 경주의 양동마을과 안동의 하회마을이 나란히 세계문화유산에 등재되었다. 양동마을은 중요 민속자료 189호, 보물로 지정된 독락당, 무첨당, 옥산서원이 있고, 하회마을은 병산서원, 도산서원이 씨족 마을을 대표하고 있다. 양동마을에는 월성 손씨와 여주 이씨가 가문의 중심을 이루며, 하회마을에는 한때는 명성을 얻었던 풍산 류씨 류성룡 가문의 종가가 이어가는 중심지이다.

토담 길에 기와와 초가지붕이 어우러져 산중의 한 폭 그림으로 엮어진다. 한옥의 멋스러움을 은근히 내보이며 그 옛날 초가집에서 많은 형제와 함께 살면서 불편했던 기억들이 영상이 되어 뇌리를 스치기도 했다.

느지막이 울산 십리 대숲 길을 찾는다. 그곳 또한 대형 관광지인지 많은 사람으로 북새통을 이룬다. 주차장이 대만원이었다.

해 질 무렵이 다가오고 때마침 대밭에는 죽순들이 흙을 뚫고 햇살을 보느라 기염을 토하고 있었다. 이미 성질 급한 죽순들은 제법 길쭉이 자란 것도 있다. 일행 중에는 죽순을 처음 본다는 사람도 있었다. 먹는 기회는 있어도 올라오는 죽순을 처음 본다고 하여 사방에서 무지스럽다고 핀잔을 준다.

대밭의 데기 많은 감동을 주기도 한다. 바람이 불 때나 비가 올 때 대밭에서 나는 소리는 여러 가지의 악기 소리가 연상된다. 문단에 첫 관문으로 등단한 작품인 〈대숲을 찾는다〉가 머릿속을 휘젓는다. 대숲의 바람 소리는 서늘한 기상이 전해주는 의연함일까. 중심 잃지 않고 사철 푸른 잎을 달고 꼿꼿한 대나무를 닮고 싶었다.

대나무 뿌리는 지면을 기듯이 위쪽으로만 뻗는다고 한다. 대나무를 일컬어 양반 나무라고 하는 이유가 아마 위로 향하려는 뿌리의 성질 때문일 것이다. 뿌리의 밑둥치는 매우 딱딱하고 마디도 아주 촘촘히 줄을 지어 있다. 흙이 귀한 맨땅을 딛고도 강인한 생명력으로 죽순을 뽑아 올린다. 대나무 숲은 바람을 타고 사각사각 음전한 악기 소리를 낸다. 호숫가의 대숲은 호수의 물결치는 소리로 들리기도 한다. 대숲이 조용히 잠든 밤에는 침묵의 소리가 어떤 것인지를 어렴풋이 깨닫는 느낌에 찬다. 대숲은 하늘에 흘러가는 둥근달과의 대화에서 사그락거리는 소리의 운치를 보여준다. 참새 소리는 대숲의 단골 메뉴라고나 할까.

제1집「대숲을 찾는다」부분

십 리 길 대숲을 걸으면서 내가 살아온 길, 십여 년의 문단 생활이 오롯이 머릿속에 꽂혀 내려앉는다. 지난날들을 다시 한번 되돌아볼 수 있다는 것의 감동이었다. 양동마을과 십 리 대숲 길의 기억을 안고 서녘 해가 뉘엿뉘엿 저물어 간다.

# 수측다욕壽則多辱

우리 인간은 오래 살고 싶은 욕망은 누구나 가지며 바람이다. 요즈음 우리나라의 수명도 계속 늘어난다. 여자가 남자보다 평균적으로 조금 더 오래 산다는 통계도 나오고 있다. 평균의 수명이 100세를 바라보는 날도 그리 멀지 않을 듯하다.

오래 살면 욕이 된다. 오래 살수록 망신스러운 일을 많이 겪게 된다는 것이다. 전국시대 우화에는 요堯 임금이 순행하게 되었다. 요임금은 성천자聖天子라 불리었다. 변경에 이르자 그곳 관원이 공손히 맞으며 '장수하시옵소서' 하였다. 임금은 나는 장수하기를 원치 않다고 하고, 그럼 '부자가 되시옵소서' 하니 부자가 되고 싶은 생각이 없다고 하였다. 그러시면 '다남多男 하시옵소서' 그것도 원하지 않는다고 하였다.

오래 살면 욕된 일이 많아지고(壽則多辱), 부자가 되면 쓸데없는 일이 많아져 번거롭다고 하고, 다남多男하면 못난 아들도 있어 걱정의 씨앗이 된다고 하였다. 관원은 실망하면서 요 임금은 성인이라 정평이 있었는데 이것으로 군자에 불과하다고 하였다. 관원은 아들이 많으면 각기 적성에 맞는 일을 맡기면 걱정이 없고, 재물이 늘면 느는 만큼 나누어주면 될 텐데 진정한 성인의 말을 남기고는 그 자리를 떠난다. 혀를 찔린 요임금은 좀 더 많은 이야기를 들어보려 했으나 사라지고 없었다는 전설상의 유가적인 우화이다.

옛날에는 수명이 짧은 편이라 60세 환갑을 중히 여겼다. 우리 부모님의 세대에는 환갑잔치를 거대하게 해 드린 것으로 기억한다. 다음 세대는 지난날의 두 배로 오래 살지 않을까.

오래 산다는 것이 꼭 좋은 것만은 아닐 것이다. 인간은 태어나서 활동 범위가 있다. 육신이 멀쩡하게 움직일 수 있을 때까지만 사는 것이 수명의 의미가 될 것이다. 아직은 우리나라에서는 안락사의 허락이 되지 않고 있다. 요양병원을 들르면 산소호흡기를 걸고 음식을 목에 구멍을 뚫고 하여 생명을 부지하시는 어른들을 쉽게 볼 수 있었다. 산들 무슨 새로운 생의 묘미를 느낄 수 있을지 서로가 아픔 마음뿐이었다.

오래 살아 좋은 일도 있지만, 건강하게만 살아진다면 어느 누가 마다할까. 대개가 그렇지 못한 경우를 많이 겪고 자식들한테도 온갖 정을 다 떼고 가시는 분이 많다는 것이다. 그만큼 망신이 되는 일을 많이 겪게 된다.

젊은 세대들과의 갈등이 더 심화할 우려도 적지 않을 것이다. 곳곳에서 노인과 젊은이들의 갈등이 늘고 있다. 미래를 더 감지할 수 없는 상황이 오고 있기 때문이다. 편리하고 편한 세대를 살고 있다고 하지만, 갈수록 어려워지는 현세대들의 고충이 되고 있기 때문이다.

꼭 장수하는 것만이 아름다운 것이 아니라 주위 환경에 맞게 어떻게 살아서 현명한 삶이 되느냐가 더 중요할 것이다. 적당한 운동으로 즐기며 남에게 피해 주지 않는 삶이 되는 것이 오래 살아가는 비결이 된다. 마음의 욕심을 버리는 것 또한 삶을 윤택하게 하는 지름길이 아닐까를 생각해 본다.

가끔 어르신을 만나면 내가 너무 오래 살아서 보지 말아야 할 것을 자주 본다고 하는 분이 계신다. 오래 살아서 꼭 좋은 것만은 아닌 듯도 하다. 수측다욕壽則多辱이란 명언이 주는 교훈이다. 오래 살아 못 볼 것 많아 욕된 일이 된다는 것이다.

그렇다면 가장 가까이 느끼며 사는 나의 삶은 어떻게 전개되고 있는지가 더 숙제가 되고 있다. 우리 남편은 자기가 오래 살아야 한다는 것보다 어떻게 건강하게 살아서 배우자를 욕되지 않게 사느냐가 중요하다고 누누이 되뇐다. 이른 아침 일어나 온천천

걷기 운동으로 하루를 맞는다. 정년을 맞은 세대라 공기 좋은 농가를 찾아 열심히 심신을 갈고닦으면서 사는 모습이 존경스럽다. 구색 맞게 가져오는 채식 재료로 구미에 맞는 음식을 차리는 것이 나의 의무이자 일과 중의 책임이 되고 있다. 미움이 밀려올 때도 없지는 않다.

하루가 멀다고 기억력이 하나씩 줄어드는 것을 느낀다. 아무리 총명한 지난날을 기억해 내려고 가다듬어 본들 세월에 장사 없다는 것 살아가면서 실감한다. 내가 그렇다고 하면 주위 분들 또한 이구동성으로 같은 맥락이라 한다. 인간 삶의 한계가 있음을 말해주고 있다. 욕되지 않게 오래 사는 방법을 나만의 규칙으로 살아갈지어다.

우리는 장수하는 길만이 우선이 아니라 어떻게 잘 늙어가느냐, 어떻게 잘 보듬어 가느냐가 중요한 시대의 세대를 만드는 것인지 갈등해 보아야 할 것 같다. 내가 맡은 일의 일과에 충실하고 부정의 생각보다 긍정의 마음가짐이 장수하는 길의 비결이라고 눈으로 가름해 본다.

# 신행新行

까마득히 40여 년 전 생각으로 정리한다. 직장을 다니면서 제때제때 혼인 규칙을 지킨다는 것은 쉽지 않았다. 신혼살림을 나오고 두어 주가 지나 시집에 신행을 다니러 갔다. 그 당시는 우리에게 개인차량이 있을 리가 없었다. 주례에서 동서대학교 주변에 조그마한 아파트를 장만해서 신접살림을 시작했다.

신행을 갈 때는 빨간 치마에 색동저고리를 입었다. 버스로 해운대에서 다시 시외버스를 갈아다고 지금의 기장읍 좌천에서 하차, 장안리로 가는 시골 버스를 타야 했다. 가는 곳마다 색동옷 입은 신부를 보고 이쁘다고 한마디씩 환호를 해서 좋은 기억으로 남았다.

아들이 서른 중반이 되어 결혼했다. 6개월 전에 시작한 결혼식의 준비가 한여름을 넘기고 8월 말이 되어 식을 올렸다. 연일 불볕더위로 비지땀을 흘려야 하는 한더위다. 유독 땀을 많이 흘리는 남자 가족들이라 걱정이 되었다. 그것도 그레이스 K 부산점인 야외 결혼식이라 양복 주머니에 손수건을 하나씩 챙겨 넣어 주었다.

그런데 날씨가 전형적인 가을 날씨 같아 땀 한 방울 흘리지 않고 예식을 마쳤다. 혼주들의 살아온 심성이 남달라서 날씨마저 받쳐준다고 지인들이 칭찬했다. 야외 촬영에서 선선히 불어오는 바람에 신부의 화관이 바람결에 흩날리는 모습이 영화에나 볼 수 있었던 장면이었다. 매사에 감사해야 하는 시간이었다.

예전과 달리 여성들도 사회로 진출하는 시대로 도래했다. 결혼식을 하고 주로 해외로 신혼여행을 하고 오면 시간을 넉넉히 정하여 신행을 온다. 한 달 만에 며늘아기가 시댁을 오는 날이다. 전날까지 일하고 마음의 준비만 해서 다녀가라고 했다. 추모공원에 계시는 윗대 조상들을 뵈어야 하기에 조심스럽게 귀띔해준다. 가급적 무채색의 복장으로 준비하고 조상께 절을 하고 언양 통나무집으로 가 식사할 것이라 했다. 일요일이라 그곳에는 새색시의 근황이 궁금한 곳이니 외투를 잘 준비하고 오면 좋겠다고 전날 살포시 일러줬더니 금세 답이 왔다. '네 어머니 내일 뵙겠습니다.' 하여 안심이 되었다.

요즈음 신세대 여성으로 보기에는 아주 정갈하게 복장부터 예의를 갖추고 내려왔다. 참 반듯하구나 싶었다. 어려움 없이 나에게도 상냥하게 대화를 엮어 가기도 한다. 한 달여 신혼살림에서 많은 것을 느꼈다면서 이것이 여성의 삶의 시작이구나 하여 눈물이 나더라고도 했다. 새아기가 영어 강사를 하고 있다. 저녁 늦게까지 진행이 될 때도 있어 아들이 마중 가기도 한단다.

바쁜 시간에 그래도 남편의 식사는 꼭 챙겨야 한다고 친정엄마가 일러주었나 보다. 하루는 찬이 든 통을 그냥 식탁에 올리니 아들이 '나는 신愼가 집안의 중요한 장남이니 다시 이쁜 그릇에 담아서 내어 오라' 해서 놀랐다고 한다. 우리 아들이 제대로 대우받으면서 살아갈 생각을 하는구나 싶었다. 나름대로 여성의 삶이 내포한 것이라고 일러주니 잘 알아듣는 지혜가 있는 며느리였다.

자식의 혼사를 끝내고 많은 일들이 산재해 있는 나는 마음 놓고 쉬어야 하는 시간이 주어지지 않았다. 급기야 문학 협회가 월례회를 하고 안정이 되는가 했더니 난데없이 등이 따끔거리고 감각이 없다는 것을 느꼈다. 아픔으로 신경이 곤두섰다. 슬슬 살집이 아파지는 게 좀 피곤해서 그런가 하여 병원에 가 수액을 맞고 약을 받아왔다. 며칠이 지났는데도 상황이 더 악화하는 듯했다. 한 열흘이 지나서야 물집이 살짝 오르는 것 같아 다시 병원을 찾았다. 대상포진! 면역결핍증. 십여 년 전에 그런 일이 있어 빨리 치료하고 예방접종까지 했는데…. 내가 해야 할 도리도 끝내기도 전에 몸이 점점 아파지기 시작했다. 사흘이 지나 신행을 오기로 되어 있고 다시 병원을 찾아 영양제를 맞았다.

내 도리는 해야 했기에 먹거리를 준비하지 않을 수 없었다. 추어탕을 끓이기로 하고 미꾸라지를 사고 배추 시래기, 숙주, 토란줄기와 고사리 등을 준비했다. 추모공원 가는 과일도 준비하고 나물 색도 서너 가지로, 조기 생선도 사서 말리기를 했다. 얼갈이김치도 담그고 혼자서 분주하기만 했다.

저녁은 외식으로 때우고 다음날 아침은 집에서 정성을 들였다. 이럴 때는 아픔이라는 것이 달아나 버리는지 참을 만은 했다. 서울 사람답게 추어탕에 배초향이나 산초를 모르는 게 아닌가. 국물만 먹겠다고 다음부터는 다 잘 먹도록 하겠다고 하여 그 마음이 포근했다. 다행히 식사는 거뜬하게 잘하였다.

일찍 서둘러 추모공원에 들러 조상님께 인사드리고 낮에는 언양 통나무집으로 가서 고기와 송이버섯을 준비하여 첫 손님을 맞이했다. 가리지 않고 잘 먹어주는 모습이 내 집안의 사람이구나 싶었다. 남편은 새아기가 시어머니와 도란도란 나누는 그 내면이 내가 그 예전 시어머니인 자기 엄마와 나누는 모습 같아 아련하다고 하면서 보기가 참 좋더라고 하였다.

기차 시간이 예약되어 서둘러 나와야 하는 하루를 보냈다. 가지고 간 찬들이 많이 남았다. 가상하게도 입맛에 맞는다고 다 사 달라는 게 아닌가. 김치는 자기 입맛에 맞고 또 뭐는 아들이 좋아한다고 기특도 한지고, 얼음을 넣고 정성 들여 다 사 보냈다.

명절이 되어 며느리들이 시어머니 것을 서로 가져가지 않겠다고 하여 만만한 큰 며느리에게만 한 보따리 사 준다는 시어머니, 그 며느리마저도 휴게소에 와서 그대로 쓰레기통에 던져버린다는 일화, 집에 도착할 시간쯤 되어 시어머니가 전화해서 그 보따리에 현금 삼백도 같이 넣었다. 너 옷도 사 입고 아이들하고 맛있는 것 사 먹으라고 하는 시어머니의 음성에 다시 휴게소로 달려갔지만, 보따리는 감감무소식이었다. 그 며느리 일주일 동안 앓아누웠다 하는 우스개 얘기까지 곁들였다. '어머니 그걸 아깝게 왜 버려요'해서 역시 너는 내 며느리구나 싶었다. 도착하여 연발 감사하다는 전화가 귓전을 울렸다.

제4부

# 베블런 효과

요즘 들어 우리 문단에도 책 발간이 성행하는 것을 볼 수 있습니다. 나부터가 쉴 틈 없이 날아드는 그 책이 얼마나 누구나 다 소화해 내고 있는지가 의문스럽습니다. 이게 혹시 베블런 효과와 같은 자기 과시가 아닐지 하는 생각이 들어 마음에 그늘이 집니다.

송차식 네번째 수필집

# 감태나무

일명 도리깨 나무라고도 한다. 나지막한 야산이나 양지바른 지역에서 흔히 볼 수 있는 나무이다. 우리나라는 남부지방에서 많이 서식한다. 감태나무를 도리깨 나무라고 하는 것은 예부터 벼, 콩 등 작물을 타작할 때 쓰는 도리깨를 만드는 데 쓰인 나무라서 붙여진 이름이다. 아주 단단하고 잘 휘어져서 도리깨를 만드는 데 안성맞춤이었다.

나무껍질이나 가지, 줄기는 주로 회백색으로 평활하며 가지에는 털이 나지 않는 것이 특징이다. 양지에서 주로 자라며 내한성이나 내건성이 강하다. 음지에서도 잘 자라는 나무이다. 산지가 황폐했을 때가 더 잘 자란다고 한다. 양수성 기질이 있기 때문이다. 길가 산을 지나다 보면 흔히 볼 수 있다. 잎이 마른 채 무성히 붙어 있어 눈에 더 잘 띄었다.

남편이 농장 근처 야산에서 감태나무를 채취하여 다듬는다. 잘라서 깨끗이 씻어 가마솥에 달이는 작업을 한다. 수술을 여러 번 한 탓인지 평소에 어디 어디가 아프다는 말을 많이 하는 나를 위한 것이라고 한다. 그러면서 진작은 자기가 다 마시는 것 같다. 평소 물을 많이 먹지 않는 나는 먹는 양이 적다.

큰 통에 1급수 물을 받아와서 정성 들여 달인다. 효능이 만만찮다는 감태나무 달인 물을 부지런히 마셔야 할 것 같다. 맛이 잡냄새가 없고 약간 달큼한 감도 있다. 향이 있어 말려서 향신료로도 쓰인다.

용도로 쓰임에는 재질이 연하고 여물어서 소쿠리 손잡이도 만들고, 소코뚜레로도 쓰였다. 단단하여 지팡이 재료로도 쓰인다. 그러고 보니 어릴 때 소코뚜레를 잡고 소와 함께 산을 내려쳤던 기억이 새롭다. 그것이 감태나무였다는 것을 전혀 알지 못했다. 소쿠리 손잡이도 연하여 손이 덜 까칠하였던 기억이다. 그 지난 것들이 다 유용한 작물들의 쓰임이 추억으로 떠오른다.

열매는 산호초, 뿌리는 산호근초, 잎은 산호 초엽이라고 하며 약용으로도 쓰인다. 나무의 부위에 따라서 효능도 다르다. 감태나무가 양수지만 음지에서도 잘 큰다. 요즘같이 환경의 저해를 받지만, 대기오염에서도 잘 자라며 저항력이 강하다. 다양한 장소에서도 재배가 가능하며 적정한 시비 관리를 하면 생육을 활발하게 해 준다. 황폐했을 때도 많이 자라지만 상층 목이 발달함에 따라 점차 쇠퇴해 가고 있다.

여러 가지 용도로 잎 질감이나 색감이 좋아 공원 용수나 가로수에 심는다. 정원이나 조경수로 안성맞춤이 된다. 말리면 향이 좋아 향신료로도 사용한다. 열매는 주로 성숙하였을 때 따서 말린다. 달여서 먹으면 병의 근원이 되는 염증을 막아준다. 뿌리는 산호 초근이라 하며 달여서 복용하고 술에 담가 먹기도 한다. 특히 타박상이나 근육통 치료에 효능을 준다. 가까운 일본만 하더라도 기근이 들면 잎을 가루로 하여 곡식과 함께 혼식으로 했다고 한다. 그것은 굵은 가지를 잘랐을 때 언저리에 새싹을 틔우게 하는 맹아력이 좋기 때문이다.

감태나무가 잎, 줄기, 열매를 다양하게 활용하며, 특히 잎에서는 따뜻하게 해 주는 정유 성분이 있어 염증을 삭이고 통증 완화를 해 준다. 칼슘 성분으로 치아 건강에도 좋은 영향을 주기도 한다. 혈액 순환을 좋게 하며 항암 효과나 성인병 예방에 탁월한 성분을 가진다. 몸속을 따뜻하게 데워주어 중풍을 낫게 하는 것으로 산호초山胡椒 또는 온리약이라는 작물이다. 이생에 마지막 약용이라 할 정도로 신비성을 준다고 한다. 칠순에 턱걸이하면서 종합병원이 되는 것을 느낀다. 진작에 왜 몰랐을까. 지금이라도 다행히 아닐까.

어떤 작물에도 좋은 점이 있으면 좋지 못한 경우도 있다. 열이 많은 사람은 소량의 양으로 조절하고 차츰차츰 양을 늘려가야 하는 부작용이다. 과다 복용을 하면 설사를 유발하는 사례가 생긴다. 당장 남편이 평소 열이 많다는 경우이다. 아침에 일어나 감태나무 달인 물을 두 컵을 마시고 걷기 운동하러 갔다. 걷다 보니 배가 아프고 설사의 증상이 있었다는 경험이다. 좋은 점이 있으면 주의해야 하는 단점도 있기 마련이다.

주로 환자들의 생명을 연장해 준다는 것으로 연수목이라는 애칭을 쓰며 연수목 지팡이로도 쓰인다. 나무속에는 끈적거리며 달라붙는 항산화물질이 있어 부러진 뼈를 빨리 이어 주어 흔히 접골목이라고도 부른다.

어린아이들이 쉽게 다치고 부러지는 경우가 많다. 알고는 실천이 되겠지만, 오래 복용하면 뼈가 탄탄해지고 높은 곳에서 떨어지거나 부딪혀도 어지간해서는 뼈가 잘 부러지지 않는 큰 효능을 지닌다.

나이가 들면 알 수 없는 병으로 뇌졸중이 오는 경우가 있다. 중뇌 손상으로 오는 언어와 인지장애 등 마비 증상에도 감태나무 달인 물이 몸속 염증을 줄일 수 있는 처방 약이라는 것이다. 무심히 볼 것이 아닌 것 같다. 정성 들여 다려주는 사람을 위해서라도, 나의 건강을 위해서라도 천연항생제라 여기며 복용을 잘해야겠다.

# 리볼빙

리볼빙 서비스가 뭐냐고요. 한마디로 일부 결제금액 이월약정 서비스다. 이번 달 신용카드 금액을 일부만 갚고 나머지 금액은 다음 달 갚게 하는 제도이다. 이것이야말로 눈덩이처럼 커가는 빚투성이가 되는 데 한몫을 한다.

요즘 들어 신용카드에서 리볼빙 서비스 사용이 많아져서 금액이 상당히 커져 있다는 것이다. 카드사용 시대가 되다 보니 쓰다 보면 카드 결세액을 갚을 금액이 부족하게 되면 우선 급한 사정을 해결해 주는 서비스다. 우리가 물건을 살 때 할부로 나누어 내는 경우하고는 다르다. 약정에도 비율이 있다. 카드 이용자가 정할 수 있는 것이 리볼빙의 서비스제도이다.

리볼빙이라고 해서 그냥 쓰게 하는 경우는 아니다. 자칫 독에 든 사과가 될 수 있다는 것이다. 자금 사정이 좋지 못할 때는 급한 불을 꺼주는 친절한 서비스일 수도 있다. 우리는 신용카드를 쓰는 신용도에 따라서 이자를 물어야 하기 때문이다. 쓴 사람의 신용점수에 따라 4~19.99%까지 이율이 적용된다고 한다. 큰 부담으로 다가올 것이다.

매사에 꼭 필요한 금액을 카드로 지불하고 나면 다음 달 카드 청구서에는 리볼빙하겠냐고 묻는 경우가 있다. 카드값은 뒤로 미루면 더 큰 금액이 되기 때문에 함부로 리볼빙하는 것은 금물이다.

어느 땐가 새집을 장만하고 가구랑 식탁, 소파를 백화점에서 샀다. 날짜가 되니 여지 없이 날아드는 카드값이 장난이 아니었다. 며칠의 기한을 주기 바랐지만, 우선 조금만 주는 리볼빙을 한 적이 있었다. 괜스레 왜 그리도 불안했던지 한 달을 채우기도 전에 몽땅 지불해 버린 경험이 뇌리를 스친다. 그러고는 리볼빙이라는 단어를 멀리하고 살아왔다.

작년에는 리볼빙 이자율이 평균 17%에 달했다고 한다. 부담이 상당히 커지는 경우이다. 카드 연체율도 높아진다. 하지만 리볼빙 이자율보다 낮은 경우가 많다는 것이다. 카드를 연체하게 되면 신용점수가 깎이는 수가 있다. 하지만 리볼빙하면 신용점수에는 영향을 미치지 않기 때문이다.

리볼빙 서비스 기간이 늘어날수록 미룬 대금 지급이 그만큼 감당하기 어렵게 되는 것이다. 만약 내가 이번 달에 내야 하는 카드 값이 200만 원 정도 된다면 리볼빙으로 10%를 낼 수 있고 그 다음 달에 90%의 금액, 이자와 함께 갚아야 하는 것이다. 여기서 다시 리볼빙 서비스를 이용하게 되면 10%만 내면 나머지 금액이 다음 달로 넘어가게 된다.

이월된 금액에는 일정액의 수수료를 내게 되고 반복적으로 이런 서비스를 한다면 눈덩이처럼 불어나 몇 달 안에 갚아야 할 것이 점점 커지게 된다. 또한 할부와는 달리 지정된 상환 기일이 없으며, 대금이 이월되더라도 연체로 적용하지는 않는다. 일시불과 현금서비스는 리볼빙 제도를 사용해 결제가 가능해지는 이득도 있다.

하지만 다른 금융기관에서는 대출이 어려워지는 경우가 된다. 리볼빙했더라도 갚아야 하는 금액이 늘어나고 기간도 늘어나면 카드 신용점수에도 영향을 미치게 된다. 기간이 늘어나고 리볼빙 금액만큼 신용카드 한도도 줄어들기 때문이다.

수월한 만큼 리볼빙 서비스를 이용하게 되면 우선 급한 불은 끌 수 있지만, 빚이 늘어나 신중해야 한다. 그리고 해당 기관과는 약정한 회원만이 리볼빙 제도가 적응된다. 이자가 없는 경우도 아닌데 쉽지 않은 제도 임에는 틀림이 없다.

유용한 이점도 있지만, 피해 사례도 있기 때문이다. 유동적인 방식으로 사용자의 결제 부담을 줄일 수는 있으나, 비싼 수수료에 대한 논란도 없지는 않다. 그건 카드사들이 일부이기는 하지만, 수수료 총액 등의 정보를 알리지 않고 서비스 가입을 유도하는 경우이다.

리볼빙에는 회전 결제, 일부 결제금액 이월약정, revolving system, 回轉 決濟 등의 다양한 용어로도 쓰인다. 해지, 결제, 이자, 카드, 약정 결제 비율, 정기예금 등 쓰임의 여러 종류를 가지기도 한다.

이자 수수료는 카드론 이자보다 높다는 것이다. 최고의 법정 금리가 연 20%에 가까운 숫자가 되고 있다. 카드 대금을 갚지 못하면, 이월의 늪에 빠질 수도 있다는 것이다. 이후 소비자가 갚아야 할 원금과 이자가 눈덩이처럼 쌓아 버릴 수 있기 때문이다.

간혹 리볼빙 서비스를 이용하지 않았더라도 본인도 모르게 해당하는 서비스에 가입되어 있을 수도 있어 확인해 보는 것도 한 방편이 된다. 카드의 명세서를 자세히 보게 되면 일부 결제금액 이월약정(리볼빙)이라는 표기를 볼 수가 있다. 후에라도 서비스를 사용하지 않고 쓸 확률이 낮다면 가입 해지를 하는 것이 좋은 예이기도 하다.

# 돌아온 핸드폰

수필 수업이 있는 날이다. 여느 때보다 조금 일찍 출발했다. 아침 시간이라 승강기가 올라오는 시간까지 고려하면 족히 20분의 여유를 두어야 한 가지 일을 해결한다. 재활용 음식쓰레기는 새벽 운동 나가는 남편의 담당이었는데 늦잠으로 시기를 놓쳤다. 어쩔 수 없이 좀 서두른 것이 화근이 되었다. 재활용 정리하는 곳이 아파트를 내려와 현관 광장을 지나 계단으로 내려간다. 핸드폰을 겨드랑이 후미에 끼고는 음식쓰레기 봉지를 정리하고 바쁜 걸음으로 계단을 올라왔다. 그새 무딘 감각으로 핸드폰이 빠지는 것을 몰랐다.

종 달음질을 치며 지하철 전광판에 요금을 찍으려고 핸드폰을 찾으니 없지 않은가. 눈 깜짝할 사이 멍해진 느낌이다. 왔던 길로 뒤돌아 뛰어가는 내 모습을 누가 보기라도 했으면 마치 고삐

빠진 망아지 같았을 것이다. 얼마나 처량하게 보였을까. 저 여자 지갑 잃어버렸나 했을지도 모르지.

넋이 나간 모습으로 재활용 수거함에 가니 아무것도 보이질 않았다. 혹시 음식 쓰레기통에 빠졌을까. 뚜껑을 열고 꼼꼼히 보았지만 깜깜무소식이다. 아직은 음식물이 많이 차지 않아 감별은 어렵지 않았다. 잠깐의 순간에 온갖 망상이 젖는다. 정신을 차리고 연락부터 해 봐야겠다는 마음이 들었다. 내가 음식물을 버릴 때 젊은 안내원이 조금 도와주었던 기억을 더듬는다. 그렇다면 그 젊은 사람이! 먼저 안내 데스크에 가서 안내원의 정체부터 알아야 했다.

당황도 되고 정신이 없는 지경이다. 허겁지겁 숨을 몰아쉬면서 안내 데스크를 향해 뛰어갔다. 문을 들어서자 아까 본 젊은 남자분이 보였다. 순간적으로 그를 의심이라도 한 것 같아 괜한 생각으로 미안해지는 찰나이다. 헐레벌떡하는 나를 보더니, 핸드폰 찾으세요? 한다. 금방 재활용하는 곳에서 잃었는데 없어졌다고 하니 두 분이 웃으면서 그렇지 않아도 남편한테 전화를 걸려고 하던 참이라고 한다. 당황하며 전화를 했느냐고 하니 못 걸었다고 해서 안심이었다.

전화기는 계단에 떨어져 있었고 터치펜도 빠져나가 있더라고 아주 친절하게 건네준다. 순간 좋은 사람이 사는 좋은 아파트라는 징표가 뇌리를 스친다. 고마움도 잠깐 남편한테 전화했으면 정신을 어디에다 두고 다니느냐고 호통이 올 텐데 하는 자책감이 들었다. 고맙다는 인사만 겹이 되도록 하고 수업 시간이 늦다는 핑계로 그곳을 빠져나왔다.

육교를 뛰어오면서 그 와중에도 큰아이가 어렸을 때가 선명하게 떠오른다. 명절이 되어 백화점 쇼핑을 하러 갔다. 잠깐 물건 하나 고르다 아이가 없어졌다. 정말 하늘이 노랗다는 실감을 겪었다. 정신 나간 사람처럼 아이를 부르며 날뛰었다. 우르르 많은 사람이 몰려오며 저 사람 가방 날치기당했나 봐, 하면서 쳐다보기도 했다. 사무실에 방송하려고 하는데 어떤 아주머니가 아이를 업고 와서 이 아이를 찾느냐고 하지 않은가. 아이가 아직 말을 잘하지 못하니 아무래도 엄마를 잃은 아이 같아서 업고 왔다고 했다. 고마운 분 덕에 천운이 되었다. 그 자리에서 아이를 잡고 얼마나 구슬피 울었는지. 아이도 놀라서 울고 정말 명장면이 되었던 순간을 잠깐이나마 스치고 지나갔다. 설 명절이었지만, 여름 날씨처럼 쏟아지는 땀에 옷이 다 젖도록 범벅이 되었던 기억이다.

십 분의 짧은 시간이었지만 역사가 이루어지는 느낌이었다. 이미 내 몸에는 땀으로 눅눅해지고 하루의 아침이 많은 일로 펼쳐지고 지나갔다. 예전과는 달리 핸드폰의 부재가 일과에서 얼마나 큰 손실이 오는지는 손에서 떨어지는 순간부터 정해진다. 곧 불안해지는 상태가 되는 것이다. 핸드폰이 한 사람의 비서 역할을 똑똑히 한다고 해도 과언은 아니다.

자주 거래가 이루어지는 금융 일 처리도 손바닥 안에서 움직이는 핸드폰 비서의 분담이다. 통장이 있기는 하지만 자금의 수요와 공급의 업무인 입·출금, 예금, 적금, 펀드, 청약, 보험, 주식 심지어 아파트 관리비, 전기세, 가스사용료 등등, 하루에도 여러 곳을 들려야 하는 스케줄 기록까지 핸드폰으로 처리를 대신하기 때문이다.

편리한 세상이라지만 구세대의 기계치는 아직은 무리인 경우도 많다. 아날로그와 디지털이 공존되는 세기에 사는 지금의 세대는 살아가는데 순탄하지만은 않다. 편리한 것이 많을수록 예민한 전자기기에는 항상 긴장하면서 지켜보아야 하는 위험도 따른다. 명검도 잘 쓰면 힘이 되지만 잘 못 쓰면 해가 된다는 명언을 생각하며 손아귀의 전화기를 다시 한번 그러쥔다.

# 밥상 물가

우리가 먹고 살아가는 물품에는 나름의 명칭이 있다. 밥상의 안정을 위해서는 세금을 부과하는 상품들이다. 근간 정부에서는 수입하는 상품에 대해서는 관세 % 적용률을 적용하여 밥상 물가를 낮춰 보겠다는 것이다.

수입 식료품에 0%의 관세 적용이 되는 돼지고기, 고등어, 설탕에 있어 관세할당을 하게 되면 어떤 효과가 있을까를 알아본다. 우리가 날마다 먹는 식류품 중에는 관세를 지불하고 머는 것이 많을 것이다. 생활 곳곳에서 드러나지 않는 것이 많다.

고기인 소고기에서부터 과일류, 빵의 재료인 밀가루, 오렌지 주스 또한 다른 나라에서 수입해 온 과세품들이다. 그런데 식품을 포함한 모든 상품은 국경을 넘을 때는 상품가격의 일정 비율만큼 세금을 내게 한다. 그 세금만큼 가격이 비싸지겠지요. 만일 외국에서 수입하는 물건이 세금을 부과하지 않으면 미국에서 사는 가격이나 우리나라에서 사는 가격은 똑같아지겠지요.

수입 상품이 우리나라에 들어올 때 세금을 내야 하니까 세금을 부과하는 만큼 가격이 높아지기 때문에 우리나라에서는 조금 더 비싸게 팔리게 되는 것이다. 상품이 다른 국경을 넘을 때 부과되는 세금을 '관세'라고 한다.

지난 세월 세관에 근무하면서 세율 적용 업무를 본 적이 있다. 나는 특히 여행상품 세율 적용하는 휴대품 내검을 담당했다. 30년이 지난 그 세월이 머릿속에 주마등처럼 스쳐 지나간다. 특히 수입 물품의 원래 가격에 얼마의 비율로 부과하는지를 측정이 되는 것을 관세율이라 한다. 세금을 부과하게 되는 것은 자기 나라의 산업을 보호하기 위한 것이다.

우리나라에서 생산하는 물건이 다른 나라에 비해 생산비용이 많이 드는 물건이라면, 외국에서 싸다는 상품이 물밀듯 들어오면 일선 산업 종사들에게 피해가 될 수 있기 때문에 관세를 매겨야 하는 것이다. 여기서 관세를 매겨 수입 가격을 높여야 하는 경우의 예로서 쌀이 있다. 가격이 싼 외국쌀을 수입하게 되면 우리 쌀이 잘 팔리지 않게 되면 농민들에게 피해가 올 수도 있기 때문이다.

우리나라는 6월 초부터 식품인 돼지고기, 고등어, 설탕을 비롯

한 농수산물 여러 가지를 할당관세 적용을 한다. 이는 일정 기간 일정량의 수입 물품에 대한 관세율을 높이거나 낮추는 제도이다. 적게는 1만 톤에서, 많게는 10만 톤까지 0% 관세율을 적용한다. 근간에 크게 오른 식료품 물가 때문에 할당 관세를 적용한다. 지난해 소비자 물가지수에 비하면 돼지고기나 고등어가 크게 올랐다. 관세율을 낮추면 그만큼 수입식품 가격이 낮아져서 '밥상 물가'를 안정시킬 수 있다는 것이다.

좋은 사례이기는 하지만 주요 식품에 관세율 0%를 계속 유지한다면 수입 상품이 많이 팔려 나가면 우리나라에서 어촌이나 농, 축산업 종사자들이 큰 피해를 보게 되는 것이다. 정부에서는 관세율 0% 적용하여 수입하는 물량과 일정 기간을 정해 두는 경우가 있다. 또한 역으로 일정 기간 관세율을 올리는 경우도 있다.

우리나라 제주에는 겨울철이 되면 감귤이 많이 생산되어 가격 안정을 위해서 외국에서 들어오는 오렌지에 대해서는 관세를 많이 올린다고 한다. 외국 또한 그런 방식으로 세금을 매기지 않을까 싶다.

몇 년 전 미국 뉴욕을 거쳐 뉴저지주에 아들이 살아서 다녀온 적이 있었다. 뉴 저지 주는 한국 교민이 많이 살아서 그렇게 불편하지 않게 살아간다고 한다. 땅이 넓은 그곳은 대형 마트도 여러 개 있어 아쉬운 것은 없는 듯했다. 하지만 유학생인 학생들은 달러의 강세에 거기서 수입품을 사 먹는다는 것은 큰 부담이 된다는 것을 알았다.

세계는 또 밥상 물가로 들썩이고 있다. 우리나라를 비롯하여 지구촌 곳곳의 폭염으로 힘든 고통이 되고 있으며, 엘리뇨 현상까지 겹치는가 하더니 슈퍼 엘리뇨로 밥상 물가까지 폭염의 심각성을 보인다. 세계의 기상은 앞으로도 더욱더 올라가는 확률이 높아질 것으로 바라보고 있다.

지구촌 곳곳이 여름이 시작도 전에 고온 현상에 시달리며 인도에서는 낮 최고기온이 45도를 기록하면서 가슴 통증과 호흡곤란으로 병원으로 실려 오는 일이 허다하게 일어난다. 96명이 목숨을 잃었다고 한다. 특히 노인들은 더위를 이기지 못해 만성질환이 악화하는 경우이다.

기온이 오르고 무더위에 재난이 따르면 식량 공급에도 차질이 생긴다. 특히 밀 생산국에서는 극심한 가뭄으로 60년 만의 최악의 흉작이 되어 수확량이 평년의 절반에 그칠 것이라 한다. 곡창지대에서 폭우와 가뭄으로 농작물 생산량이 줄어든다면 인간의 밥상 물가는 고공행진이 된다는 것은 기정사실이 된다.

각종 물가가 인상되면서 식료품 가격이 폭등한다면 서민의 경제는 힘들어지고 밥상 물가의 보급은 더욱더 들썩일 것이다. 식량 자급률이 낮은 우리나라에도 엘리뇨의 파장을 대비해야 하며 바닷물의 온도가 2도 상승하게 되면 슈퍼 엘리뇨가 되어 많은 재난이 올 수도 있다. 우리나라도 재해에 대해서는 많은 대비가 시급하다.

# 백문불여일견

오늘은 가벼운 마음을 다잡는다. 정성을 들여도 쉬이 이룰 수 없었던 집안 경사에 골몰해 보는 시간이다. 얼떨결에 내 곁으로 순응해 오는 현실이다. 벌써 여러 차례 서울로 나들이 한다.

서울 하늘 아래는 나의 몫이 아닌 줄 알았다. 중학교 때부터 타국에 나가 있던 두 아들이 장성하여 귀국해 옴에 서울행도 내 몫이 되었다. 이번에 혼기의 시기를 몇 까풀 두르고는 큰아들이 어여쁜 배필을 만나 가정을 꾸려 보겠다는 것이다.

부모로서는 만사형통이다. 그러나 아들은 국내에 들어와 아직 자리를 굳히지 못했다고 내년으로 미룬다. 매사는 모자란 듯해야 한다고 밀어붙였다. 아들도 못 이기는 척 끌려왔다. 아들이 4대 회계법인 중의 한 곳인 법인에서 매니저로 일한다. 바쁜 일과 속에 항상 긴장된 연속이라 염려했지만 잘 헤쳐 나가고 있다.

혜성처럼 달려가는 열차는 풀잎 하나도 남기지 않을 듯 고속력이다. 멀리 흘러가는 구름도 열차의 속도 못지않다. 반대로 내 마음은 평온한 상태다. 조용히 잠을 청해 보려다 펜을 들어본다. 모든 것을 버리니 일순간에 씨줄로 엮어진다.

열차 안은 모두가 꿀 먹은 벙어리 신세다. 예전에는 소곤소곤 얘기도 나누고 먹거리도 나눠 먹는 미덕도 있었는데 마스크로 입막음도 톡톡히 한몫한다. 도착지가 다가오니 바깥은 어둠으로 깔리고 있다.

이번에는 의미 부여가 크다. 아들의 친구가 결혼식 때 축하 사회를 맡는다. 한 번도 만나보지 않은 친구 아버지를 뵙길 요청한다. 친구는 회사에서 모든 사회를 도맡을 정도로 기량이 있다는 것이다. 그 친구가 내 아들에게 "네 아버지는 뭐 하시는 분이신데?"하며 무척 궁금해했다. 그 아버지가 부산의 회라면 뒤질 것 없는 종류를 장만하고 그 친구를 만나러 기차에 올랐다.

수서역에 내린다. 근무 중인 아들이 마중을 나오지 못하고, 짐이 큼지막하여 택시를 타기로 했다. 거리 두기를 해제하고 나니 기름값이 올라 택시 운영하는 데 어려움이 많다고 기다리는 시간이 길어진다. 거리가 좀 한산했다. 몇 달 전 서울행일 때는 오른 기름값으로 일반 차량이 줄어 거리가 휑한 면도 있었다. 그만큼 서울의 거리가 우리나라 경제를 좌우지하는 것 같다.

저녁 시간이 되어 훤칠한 아들 친구 두 명이 선물을 들고 방문했다. 반갑고 고마운 아들들이다. 미국에서 함께 마음을 의지하며 공부했던 친구들이라 더욱 서글서글했다. 한국에서는 줄곧 서울에서만 살아온 친구들이다.

봄이 되어 가죽과 두릅, 엄나무에 새순이 올라왔다. 귀한 먹거리라고 맛을 보이려 챙겨갔다. 도심을 벗어나지 않은 친구들이라 내심 즐기지 않는 먹거리가 될까 조심스럽기도 했다. 오히려 봄의 생물이라고 귀히 여기며 잘 먹어 주어 기특하기도 했다. 횟감과 더불어 진수성찬이었다고 감사의 마음을 전한다. 한 친구 역시 내일 상견례가 있다면서 상기된 모습이다. 잘 되기를 바란다.

다음날 우리 가족들은 미래 사돈이 될 분을 만나 식사도 하고 예물과 예단 준비에 바쁜 시간을 보냈다. 서로가 좋은 분들이라 여기는 마음으로 시간이 채워져 갔다. 서울이라고 모든 것이 다 값비싼 가격은 아니었다. 주로 강남의 청담동 주변으로 맴을 돈다.

예부터 서울의 대치동이나 청담동 사람들은 모습부터가 남다르다고 하지 않은가. 사람 사는 곳은 다 고만고만한 것으로 보였다. 새 가족이 될 예비 며느리가 딸이 없는 나를 생각하면서 준비 과정을 같이 보자고 배려한 것이리라. 서울의 곳곳을 톺아보는 계기가 되었다. 왠지 사는 도시의 허점들이 한눈에 아로새겨지는 경험을 지금에야 느끼다니 삶의 무상함이 지나간다.

갖지 못한 것을 가지려는 것보다 현재의 내 환경이 가장 입맛에 맞는 아름다운 것이다. 잘나든 못나든 삶은 영위되어 연결의 끄나풀이 될 것이다. 인성만 보라고 누누이 이른 것이 아들을 각성시켰는지 좋은 배필로 멋진 인생길이 되기를 바란다.

마음 가는 대로 순탄함을 되뇐다. 이순의 중반이 지나는데도 아이들의 인생 항로에 대해서는 참 무지하다는 것을 느낀다. 백문이 불여일견이라고 어찌해야 하는지 여기저기 문의해 봐야겠다는 솔직한 심정이다.

인륜지 대사를 치르고 나면 어엿한 부모의 역할이 될 수 있을까. 그때까지 만이라도 마음 단단히 다잡아 놓을까 보다. 둘째아들 때는 삶의 거울이 되어 능수능란하게 마음의 변수로 작용하겠지.

# 베블런 효과

상품 가격이 비싸지는데도 오히려 사람들이 더 많이 사려고 하는 현상을 일명 베블런 효과(Veblen effect)라고 합니다. 이는 미국의 사회학자 베블런이 그의 저서 〈유한계급론〉에서 부를 과시하기 위해 가격이 비싸지는데도 사람들이 더 많이 사려고 하는 현상이라고 한다. 상층계급의 소비성향을 이렇게 지적한 데서 유래하였다고 합니다.

올해는 유독 무더위가 기성을 부렸습니다. 그래서 에어컨과 찬 음료가 잘 팔리는 현상이 일어났습니다. 빙수를 사기 위해 줄 서고, 비쌀수록 더욱더 잘 팔렸습니다. 저렇게 비싼 가격의 빙수를 누가 사 먹을까 하였지만, 반대 현상이 나타났습니다.

호텔이나 호화로운 관광지에서 망고 빙수 하나의 가격이 무려 10~12만 원 정도로 평소보다 열 배나 더 비싼데도 더 많이 사

먹었습니다. 이런 현상을 베블런 효과라고 합니다. 그것은 인기 끄는 빙수의 맛이 남달라서가 아니라 유한계급들의 과시욕 때문입니다.

직접 먹어 보지 못해서 얼마나 맛이 있는지는 모르지만 요즈음 인기 있는 설빙만 해도 동네 곳곳에 널리 펴져 있지만, 인기를 끄는 프랜차이즈도 많은 편입니다. 지인들이나 친구들을 만나서 빙수 한 그릇 시켜놓고 더위를 시키는 것도 넉넉해 보입니다. 적당한 가격으로 설빙의 멜론 빙수나 팥빙수도 그에 못지않게 맛이 좋습니다. 물론 호텔에서 사용하는 재료는 신선도에서 조금의 신선도 차이는 있을지 모르지만 좀 과하다는 것처럼 보이기도 하지요.

생활의 패턴이 달라지면서 자신의 소비 활동의 과시는 쉬워졌다고 할까요. 어디를 가나 명품 브랜드 쇼핑로고가 새겨진 종이 가방도 유행하고, 판매도 되고 있다는 것입니다. 나 역시 어쩌다 백화점에 명품 물건을 사러 갈 기회가 있으면 손대는 것조차 조심스럽게 하고 쇼핑백에서 명품의 과시를 느낍니다.

굳이 명품을 구매하지 않아도 브랜드 로고가 새겨진 쇼핑백만 사서 외출하게 되면 명품을 자주 구매하는 사람으로 보인다고 합니다. 대리만족으로 자신감이 발동한다는 것입니다.

판매자는 쇼핑백이 손상되지 않게 심혈을 기울입니다. 종류도 여러 가지가 있으며 물건 담았던 상자나 포장용 천 주머니, 끈이나 리본 등도 거래합니다. 외출할 때는 명품브랜드 쇼핑백을 사서 보조 가방으로 쓰면 명품을 자주 구매하는 사람으로 보여 더할 나위 없는 자신감이 생기는 과시용이 되기도 합니다.

가격이 비싸 소수만이 누릴 수 있는 명품 브랜드를 이렇게 해서라도 소비함으로써 과시하고 싶다는 욕구입니다. 사람들은 소수의 사람이 갖고 있는 것에 마음이 더 동요되어 갖고 싶은 충동이 들기도 합니다. 또한 사람들이 많이 사용하는 상품은 수요가 줄어드는 현상도 있습니다. 이를 두고 속물 또는 백로 효과라고 합니다. 정해진 수량만 비싸게 판매하는 한정판 제품들이 대표적일 수도 있습니다.

한정판 제품은 판매가 시작하자마자 가격도 훨씬 비싼데도 품절되어 구하기 어렵다는 현상입니다. 비슷한 물품이 많지만, 꼭 이런 것을 가지면 남들과 차별화되는 것처럼 믿어지는 것이랍니다. 싼 물건이 비지떡이라는 말도 있습니다. 같은 값이면 가격이 좀 더 비싸도 품질이 좋고 멋져 보여야 하는 것은 사람들의 보편적 심리이겠지요.

물건을 사다 보면 쓸데없는 물건을 많이 구입하는 경우도 있습니다. 특히 우리나라는 사시사철이 있다 보니 신발만 하더라도 종류가 많아집니다. 우리 집 남편은 신발장이 필리핀의 대통령

부인 이멜다 여사를 연상한다네요. 반의반에 반도 못 미치는 것을 보고도 한 소리 듣기도 했거든요. 이멜다 여사는 구두만 3천 켤레가 넘는다고 하지 않던가요. 사치의 왕비가 된 것이었지요. 그 또한 여사대로 살아가는 방식이 아닌가 싶습니다.

베블런 효과가 특정 일부 계층의 과시욕으로 인한, 가격이 오르고 있는데도 오히려 수요는 증가하는 현상, 비쌀수록 수요가 늘어난다는 현상으로 이는 홈 쇼핑 시장에서도 입증되고 있답니다. 이미 과거사가 되는 한때 성형외과 수술이 베블런 효과의 한 몫을 한 적도 있습니다. 불황을 모르는 시대였다는 것입니다.

우리나라는 망고가 특산품인가요? 잘 나오지 않는 과일을 쓰는 게 리미티드 에디션(limited edition) 같은 한정된 마케팅만 매출을 올린다는 것입니다. 소수이긴 하지만, 대한민국 사람들 대접받고, 희소성 있는 제품이나 물건들 좋아하는 사람들의 무리였던가 하는 생각에 조금은 씁쓸하기도 합니다.

요즘 들어 우리 문단에도 책 발간이 성행히는 것을 볼 수 있습니다. 나부터가 쉴 틈 없이 날아드는 그 책이 얼마나 누구나 다 소화해 내고 있는지가 의문스럽습니다. 이게 혹시 베블런 효과와 같은 자기 과시가 아닐지 하는 생각이 들어 마음에 그늘이 집니다.

# 삼국유사의 얼

- 군위군 -

군위군의 보물을 체험한다. 갓 벚꽃의 물결이 지나고 4월의 무던한 자연풍경에 푹 빠져본다, 까마득히 몰랐던 군위군의 보물들을 만나고 감회가 새로웠다. 봄의 날씨가 아주 맑으며 청명하고 쾌청하다. 구름 한 점 없는 하늘과 적당히 피어나는 나뭇잎의 환상이 군위군에 묻어있는 유물들의 보답이라도 하듯 감회를 깊게 한다.

그곳 화본마을의 유래가 남쪽의 팔공산과 동쪽의 조림산이 가로막아 접근하기가 쉽지 않은 곳이다. 일제 강점기 때 지어진 화본역과 관사, 고인돌과 증기 기관차의 급수탑, 추억 속의 찻집이나 역전 상회 등 근대의 풍물들이 그대로 살아 있어 정겨움을 더해준다.

화본역에는 역무원들이 썼다는 모자가 진열되어 있다. 그때의 모습이 회상되었다. 허름하지만 여성 모자가 있어 쓰고는 여성 역무원의 모습을 떠올리며 사진도 찍고 추억을 남겼다. 전국에서 가장 아름답다는 화본역, 완행열차가 오가는 철길은 지난날의 엿가락 같은 선로들이 멀리서 달려오는 완행열차의 모습을 떠오르게 한다.

증기 기관차의 급수탑에는 물을 이용한 기관차의 모습들이 그대로 놓여 있어 유물로 전해 옴을 자랑으로 여긴다. 아쉽게도 급수탑이 유네스코 등재를 할 기회를 놓친다. 방치된 건물의 큰 문이 마모되어 문을 재건한 탓으로 유네스코 등재에서 누락이 되었다고 한다.

이 시대의 표상 김수환 추기경의 생가가 태마 공원으로 복원되어 있다. 추기경은 종교와 관계없이 많은 사람에게 존경받으면서 살아왔다. 잠깐이라도 도자기를 구워 팔아서 생계를 유지한 어머니와의 추억으로 초가삼간 옛집의 생가가 지난날의 가난했던 그날들이 한눈에 재현되고 있다. 좁은 툇미루와 낮은 처마가 그 시절의 정감을 더해준다. 추기경의 '사랑 나눔 공원'과 옛 추억들이 오롯이 되살아나는 그 지역 신성 면에서 '엄마, 아빠 어렸을 적에' 등의 지역을 둘러본다.

마을의 휴식이나 회의 장소가 되는 큰 정자에서 둘러앉아 간단한 회의와 유희 시간도 가진다. 마을의 유익한 장소를 우리도 쓸

수 있다는데 마을의 후덕한 인심에 다시 한번 고마움도 있었다.

그 지역의 자랑으로 여기는 국보 제109호인 부계면의 삼존 석불은 제2의 석굴암 석불에 비추어 산 중턱 바위 굴속에 안치되어 있어 더 값진 유물로 돋보이게도 한다. 마치 초파일을 목전에 두고 있어 연등의 행사가 하늘을 날리고 있다. 점심 공양으로 군에서 선정해 주는 〈작은 영토〉란 식당에서 자연식의 연밥 정식으로 자연의 신선함을 음미했다.

전통 마을로 유명한 '대율리 한밤 마을' 돌담길의 정겨움이 제주 돌담길의 제2곳이라 할 만큼 천년의 세월에도 입구가 아득할 정도이다. 길게 이어져 있는 십 리의 돌담과 고택들이 고스란히 보전되어 있다. 주변의 정자와 돌담의 자연 조경들이 찾는 이들의 발길을 멈추게도 한다. 집마다 높다랗지 않고 나지막한 돌담들이 두런두런 옛이야기를 나누는 듯 정겹게 둘러 있다.

마을의 젊은 부부가 운영한다는 전통주 빚는 〈예주가〉에 들어 배와 생강으로 빚은 이가주酎와 뚱딴지 막걸리, 원액 사과주스와 보리 발효 빵 등 특산물을 사기도 한다. 마을의 운영으로 된장, 간장, 고추장도 서둘러 사 가는 분들도 많았다.

허허벌판이라 해도 과언은 아닐 듯 인각사는 일연선사 삼국유사의 집필 지로 유래된 역사적인 고장이기도 하다. 많은 인고의 세월을 겪으면서 아직도 건재해 있다는 것에 감탄할 일이다. 신라 선덕여왕 때 창건이 되었으며 고려 충렬왕이 왕명으로 중건하여 토지를 내려 보각국사 일연선사의 하산 소로 정한 곳이기도 하다. 전설적으로 화산과 기린이 뿔을 올렸다는 학소대가 병풍처럼 둘러있어 아름다운 곳으로 위천渭川이 휘감아 도는 곳에 자리한 사찰이 된다. 선사가 인각사에서 삼국유사와 많은 불교서적을 저술하기도 한 곳이다.

여러 곳의 문화답사와 기행을 다니면서 고장의 풍물이나 유적들을 톺아보는 계기가 많다. 어느 곳이나 우리나라의 아픔이고 자랑이고 역사적인 사적이 된다는 것에는 변함이 없다.

군위군이 그해 8월에 삼국유사 테마파크를 개장할 것을 4월에 개장하여 시범하다 우리가 가는 전날에 사소한 사고가 있었다 하여 우리는 돌아볼 수 없는 아쉬움을 주었다, 사적은 다시 한번 찾아 그 지역의 문화재를 관람하는 계기가 있으며 하는 바람이다. 삼국유사의 얼을 간직한 역사적인 교훈을 얻었다는 것에 큰 감명을 받았다.

# 운주사 가을 정취

10월 말 가을이라지만 늦여름 따슷한 계절같은, 곳곳의 단체들이 문학기행이다 야유회다 긴 여정들이 부쩍 늘었다. 나부터가 10월 들어 긴 여정의 기행이 5군데를 다녀 왔다. 전남 화순군에 자리한 운주사가 유서 깊은 사찰이기도 하지만, 가을로 접어들어 사찰을 둘러싼 경치의 풍광이 일색을 자아내고 있다.

운주사는 송광사의 말사로 도선국사가 풍수지리에 의해 세웠다는 설이다. 사찰 자체가 유형문화재 지정이 많다. 보물로 지정하여 더욱 문화재로서의 가치가 있으며 원형으로도 이형석탑의 안정감이 주어진다.

천불산에 길게 누운 2구의 불상이 있으며, 석조불감은 안에 등을 맞된 2구의 불좌상을 안치한 유례없는 조각사상 중요한 예로 볼 수 있다. 원형다층석탑에는 보물 제798호 지정, 2단 지대석

위에 단층기단이 놓여진 석탑이다. 지대석, 기단부, 탑신부가 모두 원형으로 된 것이 특징이다. 원형으로 된 석탑은 구성이나 형태가 일반석탑 형식에서 벗어나 이형석탑의 예로 볼 수 있다. 한 바퀴 돌면서 사찰에 흩어진 신기한 석탑의 잔해를 놓칠 수가 있겠는가.

또한 정문으로 가까이 들어가니 9개의 탑으로 일렬로 된 9층 석탑이 여러가지의 문양이 세겨져 있다. 마른모꼴 안에는 꽃무늬가 있으며 +로 세겨진 문양도 있다. 여러가지 문양이나 전체적인 석탑을 보아서는 고려시대에서 건립된 것으로 추정한다. 운주사 석탑 가운데 가장 크고 높은 것으로 큰 바위 위에 세겨져 있어 안전감을 주기도 한다. 받침을 조각하여 바로 탑신이 놓여 있고 지대석과 기단부가 생략되어 특이한 탑이 되고 있다.

낮은 산등성이에  길게 누운 2구의 불상, 와형석조예불은 부처의 열반장면을 나타내는 것으로 불교에서는 매우 중요한 형상이기도 하다. 우리나라에선 보기드문 누워있는 불상이라 큰 의미가 있다. 또한 운주사에는 특이한 불상들이 많다. 거북바위교차문 칠층 석탑, 광배석불도 있다.

광배석불 또한 유형문화재로 지정하고 있으며, 관배와 불신을 돌로 파서 조각한 것으로 윗부분은 파손된 것이 특징이다. 운주사의 또 다른 탑은 발형다층석탑으로 다른 석탑과는 다르게 이

형탑이며 유형문화재 지정으로 탑모양이 주판알 같은 발형 모습이다. 탑신부는 원구형, 바리형, 발우형이라고 한다.

전남 화순 지역의 단풍 물들기가 매우 아름답다는 것이다. 가을 정취가 함껏 풍기는 빨간 단풍들이 관광객들의 눈을 호사스럽게 받쳐주고 있다. 올해는 기후변동으로 인한 다른 지역에서는 단풍색깔이 선명하지 않다고 한다. 그곳 단풍은 색상이 아름다워 마음껏 가을의 정취를 맛볼 수가 있었다.

함께 동행한 친구들과의 가을 여행은 풍성했다. 와불 불상이 있는 산을 오르고 내려 오는 길목이 나목의 계단이다. 조심스럽게 내려와 본당인 대웅전에 들러 삼배하고 가족의 안위를 빌기도 했다. 사찰 뒤로 나지막한 산으로 둘러쌓여 둘레길처럼 된 곳이라고 한다. 시간상 그곳까지는 들리수가 없어 색 짙은 빨간 단풍들을 뒤로 하고 서서히 운주사의 여운을 벗어나는 발길은 재촉한다.

유달리 전라도에 있는 사찰들이 마음이 많이 가는 편이다. 송광사가 그렇고 선운사 또한 꽃무릇의 상상화 계절 9월이 되면 무수한 사람들이 인산인해을 이룬다. 유서 깊은 사찰로 정갈하게 잘 보존하고 있다. 3대 상사화 지역으로 고창 선운사와 함평 묘악산 용천사, 영광 불갑산으로 이름 나 있다.

꽃무릇은 개화기 때가 되면 숲바닥이 한창 피어난 꽃으로 주위

경관이 온통 붉은 색으로 물든다. 꽃무릇은 꽃이 지고 나면 잎이 돋아나고, 잎이 지고나면 꽃이 피는 등 '꽃과 잎이 함께 볼 수 없다' 하여 '화엽불상견花葉不相見' 또는 상사화相思花라 불리는 풀인 꽃이다. 고고한 사랑을 품은 정열의 꽃 상사화로 가을의 정취에 흠뻑 젖은 지난 날들이 선하게 뇌리를 스친다.

상사화는 주로 여름이 다가오는 7~8월에 피어나고, 꽃무릇은 9~10월에 기염을 토한다. 꽃 그 자체도 조금씩 다르다는 것이다. 색상도 다양한 것이 상사화이다,

*운주사 와불상

# 신라 천년유물 보듬어

경주박물관에 도착한다. 도시와 황량한 들판, 맥없이 흘러내리는 개울까지 하얗게 눈에 덮여 있다. 올해 들어 첫눈을 맞았다. 즐겁고 반가웠지만 숙달되지 않은 눈길에 걸음이 조심스럽다. 뽀도독뽀도독 눈길을 걸어본다. 마음은 솜털같이 상쾌하고 풍경은 깃털같이 아름답다.

박물관 마당에는 폭신한 이불을 둘러쓴 듯 정적이 깔린다. 마당 귀티 머리는 복제이긴 하지만 의연하게 지키는 불후의 명작 석가탑, 다보탑, 신종인 에밀레종이 종각 마당을 지킨다. 우람한 고선사지 3층 석탑은 눈송이를 친구 삼아 해쓱한 듯 적막하면서도 황홀하게만 느껴진다.

예전과는 다른 감상들이다. 박물관에 누누이 쌓인 유물들에 놀라움을 감출 수가 없다. 섬세하고 우아함으로 돋보이는 신라

천 년의 유물들이 나에게로 말을 붙여오는 것 같다. 많은 불상과 석상들, 장인 정신의 항아리들, 고관대작들의 금관 종류가 다양하기만 하다. 미술관 벽면에는 관음보살의 미소가 한층 더 박물관의 내면을 풍성하게 하는 듯 자리를 빛내고 있다.

요석궁과 최가 밥상이 있는 교촌마을을 들러 월정교를 감상한다. 지난날 요석 공주가 머물렀던 궁으로 공주가 혼자서 지내는 것을 알고는 원효대사가 사랑을 외치면서 이루었던 곳이다. 대사는 몰 가부가(沒 柯斧歌)란 노래를 지어 원효 불기조에 기록을 한다. "누가 자루 빠진 도끼를 빌려준다면 (誰許沒柯斧수허몰가부) 내가 하늘을 괴는 기둥을 깎겠다. (我斫支天柱아작지천주)"하여 후에 화왕계를 지은 설총을 낳게 되니 큰 인물을 탄생시킨다.

교촌마을에는 신라의 국립대학이었던 향교가 있다. 향교에는 공자와 18 성현을 모신 대성전이 있고 강학 공간인 명륜당 본 건물과 기숙사인 동재, 서재로 나눈다. 경주 최 부잣집 교동법주 본가 등 고택을 돌면서 꼬르륵 들리는 배꼽시계에 맞추어 고관대작들이 먹는 요석궁이 아닌 최가 밥상에서 비빔밥과 육개장으로 알뜰한 식사를 하였다.

월정교는 아름다운 누대를 완성하고 그림자를 물에 드리우고 있다. 멋지게 증축이 된 다리는 언젠가는 건너가 볼 것이다. 지난날에 원효가 요석 공주를 만나기 위해 건너갔고 여왕이 불공을 드리기 위해 건너갔다는 월정교이다. 현대가 고대를 만나 어깨를 나란히 한 경주의 모든 것 우리에게 이런 고도가 남아 있기에 얼마나 다행한 일인지 모른다.

경주가 품은 온갖 유물들은 관광객이나 학술의 연구에도 가슴을 설레게 한다. 오래되고 낡은 것일수록 우리의 가슴에 다가오게 한다. 세월의 흐름 속에 값진 유물이 되어 아름다움을 유지한다.

쉽게 찾아보지 못한 문학관 동리목월문학관이 불국사, 석굴암의 명성에 가리어진 채 다리를 건너 계단을 오르니 때마침 목련은 몽우리로 막 피어나올 듯하다. 하늘을 향해 치솟고 우리들을 반기고 있다. 문학관에 들러 수업 때 자주 들었던 작가들의 일대기와 작품들이 한눈에 펼쳐 놓은 듯 잘 정리되어 있다. 전시된 문학관은 2012년 대상을 받았다고 한다.

작가 김동리는 작품의 소재나 정서가 민족정신의 정수를 발견할 수 있으며 가장 한국적인 것이 세계적이라는 말을 실감할 수 있다는 것이다. 특히 작가는 토착문화의 전통을 인류의 보편성으로 받아졌기 때문이다. 그의 작품인 「무녀도」, 「황토기」, 「역마」 등은 이어져 온 민족정신이나 고향 의식이 내재하여 있다.

시인 박목월은 초기 시는 자연과의 교감과 향토적인 정서를 함축한 시들이 많다. 「윤사월」, 「청노루」, 「나그네」 등과 같이 시인은 맑고 자연에서 잃은 고향을 찾고 순수한 정서로 압축된 형식에서 무한한 이야기를 내포하고 있다. 시인의 시는 우리의 전통적인 율과 조화로 동심의 세계를 추구하는 점에서 독특한 시인으로 추대받는다. 시인 정지용으로부터 북에는 '소월' 남에는 '목월'이라는 칭호를 듣기도 한다.

그의 중기 시가 현실적인 삶과 가정을 소재로 한 것이라면, 후기 시는 인생과 존재에 대한 인식이나 문명 비평적 경향으로 시대적인 상향과 독자와의 거리를 좁혀야 하는 인식에 출발한다. 시 소재는 주로 일상생활에서 찾았으며 현실적 자연과 교감하여 시적 아름다움을 승화 형상화한 시들이다.

동리, 목월의 두 작가는 경주에서 탄생하고 대구에서 교육받아 서울에서 뜻을 편 우리 민족의 정신적 지주가 되는 셈이다.

제5부

# 깨치지 못한 것이 많다

삶의 무상일까. 솟아나는 풀에서 연민을 느낀다. 신비로운 것이 눈에 비친다. 햇살에 사부작사부작 비집고 올라오는 모양이 시간을 다투는 것 같다. 일주일이 지나면 또 다른 세상으로 변해가는 식물들이다. 그것도 소수의 가짓수이다. 지구상에 없어지는 종만 해도 수만 가지가 된다는데 내가 아는 것이 몇 개나 될까.

송차식 네번째 수필집

# 가을 수채화

한더위에 땀깨나 흘렸다. 집안 온도가 30도를 웃돈다. 지상 46층의 공간에 가만히 있어도 짠물이 송알송알 맺힌다. 처서가 지나고 가을을 맞이할 추분이 눈앞에 있는데 느닷없이 장맛비가 퍼붓는다. 그것도 보슬비가 아닌 장대비가 쏟아진다. 가을비가 야행성인지 낮에는 그나마 숙연해져 있다가 밤만 되면 전국에 돌아가면서 피해를 준다. 층 높은 곳에 사니 비가 오는지 눈이 오는지 세상모르고 잠이 들곤 했다.

가을비를 은유적으로 표현한다면 금세 지나감 걱정거리를 말한다. 가을비는 '장인의 구레나룻 밑에서도 피한다거나 빗자루로도 피한다'는 속담도 있다. 여름비보다 가을비가 강수량이 적고 금방 그치는 특성을 말한 것인가. 가을비가 여름비처럼 내리더니 순식간에 가을이 완연해졌다. 가을의 물상들은 자신의 마지막 아름다움을 터뜨린다.

모든 정경이 화려한 수채화로 보이면 가을이 다가옴을 느낀다. 서서히 북한산에서 한라산으로 물감을 흘려 놓은 듯 가을이 깊어간다. '태양이 한걸음 물러나고 나뭇잎들이 스스로 달래어 잠이 드니 가을이 깨어난다.'고 미국의 시인 라켈 프랑코는 말했다. 우리 인생도 가을 같다고 한다. '짧으면서도 형형색색 조물주다, 가을은 모든 나뭇잎이 꽃이 피는 봄 같다'는 이도 있다.

자주 비가 내리니 창문을 열고 환기를 해야 하는데 그렇지 못한 환경이다. 산야에 있는 통나무집들은 보송보송하게 가을비는 비껴갈까 했다. 자주 들릴 수 없어 떠나올 때는 문짝은 전부 활짝 열어젖히고 곰팡이 단속을 한다. 그것도 무색하게 집안에 들어서니 곰팡이 향내로 코를 의심하지 않을 수 없다.

창문을 열고 시원한 가을바람을 쐬며 집안을 환기하고 싱크대 문도 열어 둔다. 여기저기 가을비의 세례를 흠씬 받고 있다. 휴식하면서 난방을 계속 켜놔야 했다. 햇볕이 영롱하다. 농장 안의 이불도 끄집어내어 바람을 쐰다. 싱크대 아래 요리 용구들도 하나같이 푸른곰팡이가 예쁘게도 앉았다. 양념이 든 칸에도 가을비의 세례를 흠뻑 덮어썼다. 한나절은 쉴 틈 없이 중노동을 한 것 같다.

2주쯤 지나 다시 그곳에 들렀다. 가을비가 자주 내리니 영그는 열매들이 설익는 것이 눈에 보인다. 그래도 가을은 온다. 연일 푸른 하늘에는 나뭇잎이 엽록소의 해체로 마지막 발광을 하는 걸까. 산 능선마다 진한 녹색으로 진열되어 있다. 서서히 붉으락 푸르락 가을의 염원으로 불태운다.

지금의 계절이 이보다 더 좋을 수는 없다는 것이 실감 난다. 들에는 조금씩 고개를 수그리고 있는 황금빛 벌판으로 변화하고, 감나무의 감은 홍시가 되어 가는지 초연히 발그레해진다. 사과나무도 푸른 잎만 무성했는데 수확 철이 되니 붉은 사과만 주렁주렁 매달려 있다. 조석으로 이슬이 맺히면 적당히 자라나는 잔디의 빛바램에 감탄하여 서서 보고만 싶다. 이발한 잔디 밟는 촉감이 보드라운 아기 발바닥 같다.

달이 흔들거리는 나뭇가지에 오르락내리락하더니 그믐달이 되어 간다. 새벽에는 핏기 없는 달이 서서히 식어가고 싸늘한 가을의 품성을 안겨준다. 열매가 익어가는 수확의 계절, 가을이 깊어갈수록 서리가 내리는 겨울을 맞는다. 추운 겨울에는 가을의 고마움으로 포근했고, 매서운 추위에는 다시는 봄이 오지 않을 것처럼 냉기에 따끔하기도 했다.

기다리는 계절이 있고 사계가 뚜렷한 나라에서 산다는 것도 행복이다. 유독 추위를 많이 타 계절의 변화를 기다리는 횟수는 어느덧 이순의 반나절이 되었다. 계절의 윤회가 있었기에 지나는 세월이 헛되지 않았다. 새로운 변화 속에 길흉사들이 지나가기 때문인지도 모른다.

마음이 추우면 겨울나기는 더욱더 힘이 들겠지. 올해는 가을비가 유독 잦았다. 엊그제는 아직 가을비가 채 마르기도 전에 청춘 같은 지인이 췌장암이라는 선고를 받고 짧은 기간에 모든 것을 내려놓고 눈을 감았다. 퇴직하고 좀 마음 편하게 살아볼 것이라고 산을 찾고 친구들을 품으면서 아웅다웅 살아가 더욱더 짠한 마음이다. 일주일 전에 마지막 가는 길을 알았는지 표를 내지 않으려 애쓰며 통화를 한 사람이라고는 믿어지지 않아 남편은 인생 허무함에 눈물을 흘렸다. 몸과 마음이 얼어붙는 흉사를 맞은 것이다.

언제나 만날 때면 앳된 마음으로 남편만 의지하며 사는 것 같던 부인이 더욱더 안쓰러웠다. 누구나 소풍 왔다가는 이 세상 인생, 왜 왔나 싶다가도 이승이 더 나을 것 같다는 선인들의 말씀에, 이렇게 저렇게 살다 떨어지는 단풍이 되는구나 싶다. 몇 친구들이 마지막 가는 길에까지 뜻있는 삶을 살아온 망자의 마음을 포근히 대하는 인정이 춥지는 않을 것이리라. 다시 가을비가 오렸는지 하늘의 구름이 거뭇거뭇해진다.

# 고욤

고욤 일흔이 감 하나만 못하다는 말이 있다. 속담에 "자질구레한 것 아무리 많아도 큰 것 하나를 못 당한다"라는 뜻이다. 그만큼 자그마한 고욤은 감 같은 모양이다.

가을 수확 철이 되면 구슬 크기의 발그레한 열매가 가지마다 주렁주렁 열린다. 강하게 떫은 것이 단점이다. 열매는 감이랑 비슷하지만 크기는 훨씬 작으며 씨가 많은 것이 고욤의 특징이다. 고욤이 작은 몸속에 많은 씨앗을 품어 우수한 유전자를 배출하기 위해서는 매서운 세상에 맞서 책임을 다하는 맹열한 류의 나무이기도 하다.

고욤나무는 지역에 따라 다르게 부르기도 한다. 내가 어릴 때는 깨감 나무라고 했다. 또는 땡감 나무라고도 했다. 깨를 비유할 만큼 작은 감이 열린다고 불렀다는 것이다. 산과 들에도 야생으로 잘 크고 낙엽이 많으며 키가 크게 자라는 나무이다.

고향 집 언덕바지에 깨감나무가 있었다. 주렁주렁한 감을 한 움큼씩 따서 입 안에 넣는다. 감보다 씨가 더 많이 나와 내뱉었던 기억이 새롭다. 홍시가 아니면 아주 떫음이 강했다. 고욤이라는 단어가 무색하게도 내가 성인이 되기도 전에 다 사라진 종이 된 것 같다. 하루에도 수십만 가지 생물의 종이 사라진다는 것이다.

우리 남편은 새로운 공법으로 고욤나무를 심어 보기로 한다. 가을이 되어 철마 어느 찻집에서 고욤나무에 고욤이 많이 달려 있어 신기하기도 하여, 한 움큼 입안에 따서는 씨앗을 내 뱉어 심어 보기로 한다.

내가 알기로는 입안 침이 묻은 씨앗은 나지 않는다고 들었다. 그런데 고욤은 그렇지 않았다. 고욤씨을 고이 간직하여 씨앗으로 정성껏 심었다. 오가며 싹이 나는지 관찰한다. 어느 시기가 되니 10 포기의 고욤 씨앗이 올라왔다. 신기하기도 했다.

그대로 겨울을 넘겼다가 봄이 되면 옮겨 심을 것이라고 한다. 지금도 잘 자라고 있다. 정성이 두 배면 잘 자라주지 않을까. 고욤 열매는 그대로 담가 잘 숙성시키면 맑은 물이 나온다. 고혈압, 중풍, 위장병 등 질환에 효험이 있다는 것까지 연구하고 있다. 좋은 땅에서 잘 자랐으면 기대한다.

생김새는 감처럼 생겼지만, 아주 작고 가을 수확기가 되면 구슬 크기의 열매가 황갈색으로 변한다, 열매는 특이하게도 나무 가득히 열린다. 조금은 생소한 감 열매이다. 지역에 따라서는 고염나무라고도 부르며 잎은 어긋나게 달리며 작은 가지에는 회색 털이 많다. 열매가 커 가면서 털이 없어지는 게 특징이다.

고욤이 약용으로 쓰이며 군천자라고도 불리며 고욤나무는 비타민C와 타닌이 풍부하고 불면증 등 여러 질환에도 효능이 있다. 새들이 좋아하는 고욤은 따 먹고는 곳곳을 다니면서 번식시킨다. 고욤은 작지만, 씨가 많이 들어 있어 번식을 쉽게 할 수 있고 생명력도 강하다. 자연적인 곳에서 잘 자란다. 병충해도 강하여 쓰임이 요긴하다.

과육에 비해 씨가 많고 떫은맛이 강하여 옛날 시골에서는 고욤을 옹기에 넣어 숙성시켜 약용으로도 많이 먹었다. 요즘은 씨가 없는 품종으로 개발하여 식용으로도 먹는다. 특히 고욤 열매는 중국이나 터키, 중앙아시아 등에서 과일처럼 재배한다.

고욤이 겨울철 숲 속 동물들에게 좋은 먹이가 된다는 것에 신기하기만 하다. 새나 동물들이 열매를 통째로 먹고는 배설을 하게 되면 씨앗이 이들의 움직이는 발자취대로 번식한다. 우리나라에선 나무를 잘 타는 담비나 오소리들이 고욤나무에 달린 마른 고욤을 따 먹는다.

고욤나무는 껍질이 흰색이지만 내부는 검은색으로 가공하면 부드러운 광택이 있어 장식용 가구를 만드는데 인기 있는 목재가 된다. 근간에 와서는 벌채가 과도하다 보니 멸종의 위기에 몰리고 있다. 어렸을 때는 야산에 가면 쉽게 볼 수 있었던 고욤이 잘 보이지 않는 것에 아쉬움을 주기도 한다.

고욤에 이어진 속담에도 일리는 있다. "고욤이 감보다 달다." "까마귀가 고욤을 마다하랴?" 이런 속담에는 고욤이 감보다 진한 맛에 비유했으며, 크기가 작다는 것에 신비감을 준다.

고욤나무는 경기도 이남으로 산과 들에서 잘 자라며 여러 지역에서도 심는다. 식재료로 활용 시 보신용 재료로도 쓰인다. 환경변화에 따라서 현재는 많이 보기가 어렵다. 매우 떫은맛을 지닌 것이 특징이다.

고욤열매는 한겨울을 버틴다. 열었다가 녹고 메말라 쪼그라질 때까지 나무에 대롱거리며 매달려 있다. 그러다 새들의 먹이가 되어 숱한 생을 마감한다. 생명력이 강하다고 할까. 그 생명력을 이용하면서 살아가는 미물이 있다니 공생 공존하는 생인 것 같다.

또한 고욤의 나무가 약으로 쓰이며 딸꾹질을 멈추게 한다. 그냥 땡감으로 알기에는 신비한 약용이 깊은 것에 고개 숙인다. 고혈압, 야뇨증에도 효능이 있으며 한국 본초도감에는 잎에서는 난치병을 고치는 나무라고 기록한다.

# 깨치지 못한 것이 많다

아는 것이 힘이라고 했다. 이순을 맞은 인생, 알고 보니 깨치지 못한 것이 많다. 어디를 가나 부족한 내 마음이 가슴을 꽉 쪼이게 한다. 갈수록 해야 할 일은 쌓이어 가는 데 마음이 따라주지 않는 가을이다.

문학 기행이다. 문화답사다 하여 각 도의 지역을 나다니는 시기들이 많았다. 봄이 되면 줄을 타는 산딸기에서 춘향을 느꼈고 여름이 되면 푸른 줄무늬의 수박 속에서 붉은 마음을 느꼈다. 여름에는 그냥 지나치지 않는 초대형 태풍을 맞이하느라 가을은 오지 않을까 걱정도 했다. 그 시기만 되면 다시 풀잎은 억세지고 씨앗을 날리는 산바람에 속까지 허전함으로 풍전등화가 된다. 삭풍은 나무우듬지에 매달고 불어와 또 한해의 여운을 모은다. 사계절 널브러진 나무들의 기척 앞에 내 머리에 오므려진 것 별로 없으니 깨치지 못한 것이 내 살아가는 운명이다.

나는 나무에 대해서도 아는 것이 항상 부족하기만 하다. 어릴 때 자란 생활 반경에서 서식하는 나무에 대해서만 보고 들었다. 다른 지역을 조금만 벗어나면 알 수 없는 나무 종류들이 즐비하다.

꽃의 종류도 수를 헤아릴 수 없다. 그중에 꼭 개망초꽃이 먼저 생각날까. 그것도 몇 번을 머릿속에 넣어주는 남편의 성화 때문이다. 개망초는 여름과 가을에 채취하여 말린다. 차로도 약재로도 쓰인다. 꽃 색상도 한 가지만 아니다. 흰색과 보라색을 본 적이 있다. 어찌하여 상급학교 과 선택에서 식물 생명공학 쪽으로 원서를 썼다. 종일 흰 가운을 입고 연구를 해야 한다는데 주눅이 들었다. 그게 아니라 식물의 종류를 암기하지 못해서 포기했는지도 모른다. 지금에야 내 아둔함이 참 잘한 것 같다.

삶의 무상일까. 솟아나는 풀에서 연민을 느낀다. 신비로운 것이 눈에 비친다. 햇살에 사부작사부작 비집고 올라오는 모양이 시간을 다투는 것 같다. 일주일이 지나면 또 다른 세상으로 변해 가는 식물들이다. 그것도 소수의 가짓수이다. 지구상에 없어지는 종만 해도 수만 가지가 된다는데 내가 아는 것이 몇 개나 될까.

인진쑥이란 식물도 뇌리를 스친다. 아이가 없어 기다리고 있는데 친정엄마가 인진쑥에다 대추를 넣고 진하게 달여와서 먹으라고 했다. 인진쑥이 여성의 몸을 데우고 수족냉증의 특효약이라고 한다. 엄마의 그리움 때문일까. 인진쑥에서 식물의 연민이 겹친다.

음악하고는 조금은 동떨어지는 집안에서 살았다. 그러면서 나는 일주일에 한 번씩 여고 합창단에 합창하러 간다. 귀만 기울이고 출석하고 있는지도 모른다. 평생 팝송 한 곡도 제대로 불러본 적이 없다. 내 마음속에 간직한 음률이 없으니 듣는 것이라고는 고작해야 베토벤의 교향곡 한두 곡, 가곡 몇 곡에 불과하다. 항상 무지가 용감했다. 몰라도 여기까지 살아오는 데 지장은 없었던 것 같다. 그렇다고 새삼 지금에 와서 음악에 심취해 볼 기력은 없다. 왜냐하면 인생행로가 시험에 나오지 않으니까.

어릴 때는 여름만 되면 남녀 구별 없이 큰 냇가에 가서 멱을 감기도 했다. 냇가가 아주 넓어서 물장난하기에 안성맞춤이었다. 그런데도 수영하고는 거리가 멀었다. 아무리 해도 물에 뜨지 않는 몸뚱이가 아닌가. 네발짐승처럼 기는 수영 그깃밖에는 어떤 형태라도 안 되는 수영 실력이다. 네댓 살 되었을 때 비가 많이 온 적이 있었다. 냇물은 흙탕물이 흘러내리고 논두렁이 무너져 내렸다.

나보다 아홉 살이 많은 큰 오빠하고 깊이가 십 미터는 족히 되는 논두렁을 건너가다 그만 언덕 아래로 굴러 빠져 버렸다. 그 당시 큰오빠가 중학교 2학년이었다. 그걸 보고 그대로 언덕에서 뛰어내려 동생을 구했다고 했다. 그때 트라우마가 있는지 물에 대한 무서움이 그대로 전율로 다가왔다. 깨치지 못한 수영 실력이지만 작년에 돌아가신 큰오빠의 그 용기가 눈에 아련하다. 집안일에 힘겨운 일이 있어 오빠의 마음을 다잡으면 '죽을 것을 살려 놓았더니...' 하면서 껄껄 웃으시는 모습이 그림자처럼 떠오른다.

기계치란 말도 있다. 두발 달린 기계는 잘 숙달이 되지 않는다. 아이들이 어릴 때는 일부러 운동장에 가서 자전거 타기를 배우게 했다. 내가 못 하는 것은 일찌감치 터득하게 했다. 남자아이들이라 그런지 엄마와는 달리 순식간에 숙달되게 잘 타는 것이 기계치는 아니었다. 다리가 짧아서 엉덩이를 들고서도 잘 타는 것이 신기했다. 나는 아직도 자전거 기계치다. 그런데 자동차 운전은 아주 능숙하게 곳곳을 잘 스미고 다닌다. 자동차와 자전거와는 무슨 원리인지 두발과 네발의 안전성 차이인지. 그것 또한 깨치지 못한 내 운명이다.

여태 살아오면서 깨치지 못한 것이 많다. 더는 채우려고 애쓰지 않기로 했다. 이제는 습작하고 시상을 떠 올리기에 전심을 쏟고 싶다. 지금의 내 수중에는 작문의 씨앗과 시작의 습작들이 줄을 서서 긴 행보를 하고 있기 때문이다.

# 늦가을, 마음 풍경

가뭄으로 두어 달이 넘게 땅이 푸석하게 물이 없었다. 횡재를 맞은 듯 비가 내린다. 쓴 모자를 벗고 그냥 비의 향기를 맡아본다. 가을비가 얼굴을 간질인다. 고귀한 선물이 따로 없다. 몇 달을 자란 배추와 무가 물 부족으로 제구실은 못 하고 있다.

농장 계곡에는 얕은 물줄기가 흐른다. 힘없이 흐르는 물줄기가 어려운 시기의 경제 난국 같다. 돌멩이조차도 스멀스멀 물속에서 아우성친다. 물을 얹어 주라고 가끔 피라미도 움직이고 나슬기도 보인다. 먼 곳에서 흰 두루미 한 마리 피라미와 다슬기를 노린다.

내가 지켜보는 곳에서 하얗고 큰 날개를 휘저으며 날아와 살포시 앉으며 주위를 두리번거린다. 어느샌가 흰 두루미는 뭔가를 입에 물고 날개야 날 살리라 하고 유유히 동쪽 하늘로 사라져 간다. 자연과 하늘과 흰 두루미의 조화이다.

농장에 대봉감이 스무 개 정도 열렸다. 추워지는 겨울에는 단지에 넣어두고 홍시를 기다린다. 일주가 지나니 한두 개 홍시가 되어 새참의 먹거리가 되었다. 이주쯤 되니 여러 개 홍시가 잘 익어 있다. 달고나 홍시를 보니 당연히 엄마가 뇌리를 스친다. 그리고 나훈아의 〈홍시〉 노래가 순식간에 흥얼거린다.

가을의 풍성, 시장에는 홍시가 지천에 늘렸다. 그 홍시는 엄마를 연상하지는 않는다. 단지 속의 홍시는 유달리 달고 색상이 선명한 자연미가 가미되는 느낌이다. 장안리 시가의 담벼락에 큰 감나무 두 그루가 있었다. 시어머니의 홍시 사례는 손자들의 뇌리에 깊이 박혀 있는지 아들이 할머니의 지난날을 추억으로 회상한다. 별호가 친할머니는 감 할머니, 복슬복슬한 강아지가 많은 외할머니는 개 할머니라 제목도 잘 나타내었다.

여름이 무릇 익도록 성숙시켜 온 가을 햇살에 영글어진 온갖 과일과 들녘의 풍요로움은 가을 끝자락에서는 텅 빈 마음만큼이나 서운한 풍경들이다. 추위가 다가오고 있다. 내년에 다시 봄이 온다는 것을 기약하기 때문에 추웠던 겨울을 견디어 내는 것이다. 올겨울은 유난히 따뜻한 감이 있다 했지만, 요 며칠 대기의 순환으로 부산지방에도 영하 5도를 기록하고 지역에 따라서는 체감온도가 영하 10도를 웃도는 곳도 있다.

코로나의 여파가 사람들의 마음을 한없이 나락에 잠기게 한다.

설상가상으로 기온마저 한파가 몰아치니 어디를 가나 거리에는 활력이 없어 보인다. 많은 인파가 북적거려야 경기가 제대로 돌아가는 것이라고 할 텐데 한산하기만 하다. 코로나 2단계, 특히 저녁 9시만 넘으면 도시 전체가 암흑의 도시를 연상한다.

한더위 주말마다 농장에 엎드려 인정사정없이 나풀거리는 잡초들과의 실랑이도 시간 속에 지나갔다. 땀도 많이 흘렸고 수확의 기쁨도 있었고, 태풍으로 속이 아리도록 애써 짓은 농작물의 피해에도 사랑으로 이겨냈다고 스스로 마음을 다독여 본다.

농장 주위에 짙은 녹음인 잎사귀들이 유달리 반짝거리던 참나무, 감나무, 밤나무 모두가 잎만 남기고 열매는 대업을 위한 인간의 양식으로 떠났다. 머지않아 잎들도 겨울바람에 못 이겨 한 줌의 흙으로 사라질 것이다.

엄동설한에 독야청청 푸름을 지닌 대나무의 위력도 대단하다. 추울수록 더욱더 푸름을 보인다. 나는 모든 일에 강인하다. 쉽게 포기하지 않는다. 쉽지 않은 일은 아예 시작하지 않는 편이다. 하고는 끝을 보는 성미다. 강인한 대나무는 나의 성미에도 합이 될 듯싶다.

12월을 맞이한다. 하루를 보내고, 한 달을 보내며, 다시 일 년을 보내려고 채비한다. 매사에 얼마나 많은 정열을 쏟아부었는지 다시 뒤돌아봐지는 달, 한해의 마지막 달력 한 장, 올 한 해

달력에는 그래도 오목조목 정답고 올곧은 것들이 제법 있었다. 주요 문인협회에서 문학상 수상의 기쁨도 있었고, 서울의 한없는 집값에 눈시울이 뜨거워지는 상황을 떡하니 해결하는 부모의 마음도 되었다.

모두는 삶이 이러려니 최선을 다하고 산다. 하루하루가 참으로 감사하다. 기막힌 주위를 만나도 읊을 줄 아는 내가 되기를 바란다. 항상 톺아보는 인연의 고리를 간직할 수 있으면 한다. 12월의 마지막 주를 남기면서 지나온 나의 과실이 얼마나 있었는지 주섬주섬 거두어 마음 정화해야겠다.

주말에는 서울서 두 아들이 내려온다. 코로나 핑계도 있었고, 자주 부모님 뵈러 올 수 없는 사정도 많아 항상 마음에 걸리는지 이번에는 둘이 2박 3일, 코로나를 벗어나는 곳으로 이동하여 함께 한다.

공기 좋은 그곳에도 호가마다 휘황찬란하게 불을 밝히고 안정된 마음인지 즐거운 풍경들이다. 우리도 얼른 숯불을 피우고 가져간 고기랑 해물들을 펼쳐 놓았다. 오랜만이라 아들들이 매우 흡족해한다. 이렇게 가족이 한자리하는 게 쉽지 않은 것은 사회에 진출해 바쁘게 사는 모습들이다.

자! 한 잔씩 원~ 샷.

산세가 미워지도록 아름다운 산야, 낮게 보이는 하늘에는 별이 총총하다.

# 맛의 승부

파를 다듬는다. 지난 일들이 주마등처럼 스친다. 10월에 결혼하여 2주가 지나 신행으로 다니러 갔다. 시골집이 다 그러려니 했지만, 허물어져 가는 집채에다 담벼락은 돌담이 으스러져 있었다. 외관을 꼭 내세울 것은 아니지만 마음이 착잡했다. 어떻게 살아가야 이 난국을 헤치고 살까. 시댁이 고리 원전 반경 안에 있어 일절 증·개축을 할 수 없는 곳이었다. 약 십 년쯤 지나, 지정이 완화되어 두 아들이 합심하여 지금의 집으로 증축했다. 아버님은 연이어 사업한다고 자식들한테 산더미 같은 빚만 남기고 그곳에서 4년을 사시다 여든넷이 되어 유명을 달리했다.

그때 나는 세관에 다니면서 꿈은 팽대하였다. 사람 하나면 밥술은 떠밀리지 않을 것이라는 자신도 있었지만, 내 마음을 전부 쏠리게 한 것이 무엇이었을까. 그 사람은 부지런했고 매사에 자신이 만만했다고 할까. 위로 양자 간 형님까지 두 분, 누님 두 분, 여동생 둘, 얼마나 치이면서 강인한 정신력을 가질 수 있는 환경에서 자랐을까. 부모님이 유일하게 의지하는 막내아들이었다. 그리고 내가 살아가야 하는 전부였다. 자수성가의 밑거름이었다.

허물어져 가는 집 뒷방이 내 신혼의 첫 안식처였다. 비가 오니 물도 새었다. 이틀을 지내고 살림이라고 내어놓는 우리 어머님, 일본에서 가져왔다는 유약 바른 반찬 독 하나, 그것도 둘레 귀퉁이가 날려가서 보기가 조금 안쓰러웠다. 그 안에는 어머님의 솜씨인 아직도 그 맛을 잊을 수 없는 파김치가 가득하였다. 신혼살림 이삿짐이 그 파김치에 쌀 스무 되, 참기름 한 병, 고춧가루 세 근, 마늘 한 접 등 그것이 전부였다. 그 외는 어떤 도움도 받을 수 없었고 요구할 수도 없었다. 나는 근검절약해야 했다.

밤낮없이 돌로 가득한 남새 밭고랑이랑 살다 생을 마감한 여인, 손끝이 닳고, 호미가 닳도록 일구어 자식들 굶기지 않으려고 애쓰신 여인, 도회지로 유학 보내는 시절, 아들만 공부시키겠다는 그 시대의 여인, 딸들이 친정 오면 한 소리씩 한다. 시절 따라 늦게 태어난 동생은 도회지 유학생이 되었지만, 누님들의 생은 오직 동생들의 뒤치다꺼리였다.

당시 유행했던 드라마 〈아들과 딸〉이 있다. 딸들은 네 개의 다리가 달린 텔레비전 화면을 유심히 보면서 엄마도 저랬다고 한다. 최수종이 아들 귀남 역으로 · 김희애가 딸 후남 역으로 남아 선호 사상이 뿌리 깊었던 시절, 배우 정혜선의 어머니 역과 백일섭의 아버지 역이 너무나 그 상황을 실감 나게 했다. 아들과 딸의 사회적 가치관과 대립하면서 겪는 갈등을 다룬 드라마이다. 딸들의 한탄이고 서러움이었다.

그 아들은 벌써 이순 중반을 넘어 아내의 밥술에 익숙해질 때도 한참을 지났건만, 그때의 파김치 맛은 잊을 수가 없나 보다. 더운 여름이 지나고 조석으로 찬바람이 스치면 온 들판에는 파릇파릇 파들의 행렬이 경이롭다. 판로가 좋은 마을에 차량으로 파들을 실어낸다. 새내기 농장을 하지만 파 작물은 아무나 하는 것은 아닌 듯, 남들이 푸르다고 다 푸른 작황은 아니었다.

불현듯 옛날의 파김치 맛을 끄집어낸다. 지나다 초등학교 친구의 일렬종대 파밭을 보고 그냥 지나치지 않는다. 파 한 단에 칠천 원, 조금 더 얹어 만 원을 주고 샀다. 어머님의 맛을 내어 보려는 것이다. 시십여 년을 살았는데 그 맛을 전수 못 했는지 똑같은 양념을 쓰고 정성을 들였지만, 아닌가 보다. 나 또한 그 맛을 잊지는 못한다.

농막에서 감미로운 가을날의 음악을 들으면서 파 한 단을 까고 다듬는다. 구월의 파는 밑둥치가 시월 파에 비해서는 통통하지 않다. 둥치가 하얗게 속살을 드러내며 파릇파릇 잎이 먹음직스러운 김치를 연상한다. 일을 퍼지르는 성미인지 큰 소쿠리, 작은 소쿠리, 큰 다라이를 가지고 농장 아래 냇가로 내려간다. 한 모퉁이에는 얼마 전 큰비로 물이 둑의 반이나 차올라 무너지고 흘러간 돌을 쌓는 공사를 하느라 군청 종사자들이 비지땀을 흘리고 있다.

그 많던 물이 흘러 더 넓은 곳으로 갔는지 냇가 바닥은 할퀴고 닳아져서 허연 허벅지를 내놓고 있다. 물은 맑게 흘러내린다. 한 모금 마시고 싶도록 푸른 하늘같이 정갈하다. 떠내려가지 않게 큰 소쿠리에 파를 담고 하나씩 씻는다. 새삼 살아온 지난날들의 추억들이 자판처럼 새겨진다.

이번에는 꼭 전수한 것을 제대로 해야겠다고 다짐해 본다. 일을 마치고 가다 횟집에 들러 살아있는 오징어 몇 마리를 샀다. 싱싱한 오징어를 넣어야 오돌오돌 씹히는 감각이 살아날 것이다. 지난날 세관 후생 계에서 음식에 대해 연구한다고 서양요리, 동양 요리책을 독파하면서 눈물 흘린 기억이 새롭다. 3개월의 짧은 기간이었지만, 그 덕분에 결혼하여 요리하는 것은 어떤 재료를 가져다주어도 할 수 있었다. 품위 있고 격식에 맞는 요리는 아닐지라도 간장, 된장, 고추장까지 직접 담가 맛을 내고 있다. 밤늦게까지 만든 전수 파김치를 꺼내어 맛을 본다. 가까이는 왔는데 뭔가 조금 미비한 것이 있다는 여인의 아들, 과연 우리 어머님의 파김치 맛은 대를 물리지는 못할 것인가.

아직은 기회가 있을 터, 어머님이 직접 파를 기르는 풍성한 마음과 손수 담근 멸치젓갈 맛을 어찌 따라갈까. 매주 다니는 새내기 농장의 작물들 하나하나 분석하여 맛을 내는 것에 '정신일도하사불성'이라고 한곳에 집중하다 보면 이루리라. 세월의 고마움에 순응하면서 다음 해는 파 농사를 시도해 풍성한 마음마저 곁들어 볼까.

# 매화, 봄 앞서다

머지않아 카톡의 봄 수신은 매화로 수를 놓을 것이다. 눈보라 지나고 만물이 잉태하고 여인의 부푼 마음처럼 그윽하게 매화는 솟아날 것이다. 추운 날에 매서운 바람에 맞서 두려움 없이 맞서는 매화는 용기도 좋아. 박수갈채를 보내야 하겠지.

봄은 멀지 않았다. 성질 급한 매화는 엄동설한에 남 먼저 피어나 안쓰러움을 주기도 한다. 양산 통도사의 홍매화는 항상 남 먼저 피어나 움츠러들면서도 기염을 토하며 환대받고 있다. 매화야! 이내 따스한 기온이 올 테니까 조금만 더 힘을 내어 보면 금의환향이 될 것이란다.

원래 매화는 가까운 나라의 설국 지방에서 전래로 전설 속의 美花라고 하던가. 매화는 추위에도 피어나 강한 걸 보면 본성은 따뜻한 화본 인가보다. 매화가 피는 시기가 되면 우리의 정서로는 대문에 크게 붙이는 입춘방이 있다. 입춘대길立春大吉 건양다경建陽多慶이란 문구가 대문짝에 떡하니 붙는다. 우리 집 대문 또한 이런 문구가 길게 붙어 있는 걸 보면 마음속에 봄을 맞이해야겠다는 정감이 돈다.

입춘이 지나는 소리가 여기저기 아우성친다. 대문에 붙은 글귀를 보고 웃음 짓게 하는 미덕이 집안에 복을 가져다주는 것인지도 모른다. 액운은 꽃이든 잎이든 타고 멀리 날아가기를 빌며 두려움에 맞서는 것이 입춘이 아닐까.

매화를 두고 눈보라 속에서도 용맹스럽게 피어난 용기에 바람도 어찌 응원하지 않으리. 그래 올해는 통도사 홍매화가 유달리 꽃망울이 아주 몽글게 달려 있어 세상만사 기염을 보인다는 보도이다. 하나씩 피어오르면 볼만한 광경이겠지.

농장에 매화나무가 여러 개 심겨 있다. 꽃이 피기 시작하면 하얀 꽃잎이 어우러져 피어 벌 나비가 꿀 따기에 계절의 윤회에 신비감을 주기도 한다. 멀리서 바라보기만 해도 예사로운 꽃은 아니었다.

꽃잎이 떨어지면서 콩알만 한 매화가 열리면 이내 초여름을 맞이하여 매실의 수확기가 된다. 홍 매실은 좀 알이 적으면서 유용한 약용이 된다고 한다. 청매실은 알이 튼실하면서 푸른빛이 더욱더 진하게 보이는 열매이다.

예전에는 1년에 3~40킬로씩 담가 묶였다가 장아찌 담그는 부지런도 있었다. 주위 분들과 나눠 먹는 미풍양식도 있었는데 세월에 장사 없다는 말이 실감이 난다. 몇 식구 되지 않는 김장도 못 해서 남의 손을 빌리기도 하고 못 하는 해도 있으니, 장아찌는 더더욱 지난날의 내 모습이 비켜나고 있다.

유달리 봄을 알리는 2월의 꽃샘추위가 기성을 부린다. 포근해 오는 봄을 맞이하나 했더니 기온이 영하로 떨어지고 기후변화는 꽃을 피우는 매화로서는 상춘객들의 발걸음을 더디게 할 것 같다. 예년에 비해 열흘 정도 일찍 피어난 매화꽃이 축제를 앞둔 지자체의 행사장이나 주위의 상인들마저 울상이 되고 있다.

매화꽃이 피면 지리산으로 에워싼 산수유가 덩달아 온 마을을 노랗게 치장한다. 3월 들어 광양의 매화 마을에는 축제로 관광객들로 인산인해를 이루는 곳이다. 기후변화로 많은 걱정이 앞선다고 한다. 그래도 봄소식의 부드러운 바람에 산수유는 앙증맞게 꽃을 피운다. 꽃이 서둘러 피는 것은 좋은 현상이다. 하지만 기후변화로 인한 온난화의 날씨가 꽃들의 변화무쌍한 갈림길에 있다.

남부지방의 매화는 1월 말~2월 초의 따뜻한 기온의 영향을 받으면서 군락지마다 매화 향기로 상춘객들의 마음을 사로잡고 있다. 매화꽃은 겨울이 가고 봄이 오는 것을 먼저 알려주는 꽃 중의 하나이다. 매화밭의 배경으로 사진 촬영하는 사람들의 마음도 매화꽃이 빨리 피는 것과 무엇이 다를지 하는 생각도 든다.

입춘이 지난 3월이라지만 툭툭한 외투를 벗을 수가 없다. 조석의 날씨 변화가 건강을 해치는 요물이 되고 있다. 특히 감기 환자가 많이 생긴다. 의료분쟁이 과다하여 병원마다 북새통을 이룬다는 보도이다. 나 또한 어쭙잖게 병원의 신세를 졌다.

아련하게 왼쪽 팔이 닿기만 해도 고통을 동반한다. 촬영하고 장기 검사에 혈액까지 세세하게 검사를 한다. 세월에 장사 없다는 말이 빈말은 아니었다. 나이가 들었다는 증거이다. 검사 결과에서 왼팔의 상태가 표피보다 더 깊게 굳은 피지인지 가벼운 종양류인지 떼어내어야 했다. 3박 4일을 입원해 수술했다. 여러 번 들락날락했던 병원이었는데 젊을 때는 조금 덜했던 마취라는 두려움이 앞을 가린다. 병명은 자율신경계 양성 신생 물질이라는 진단명이 내려졌다.

그나마 속 깊은 수술이 아니라는 것에 안도의 마음이다. 1시간이 지나 말끔하게 처리되어 깨어났다. 수술이라는 것이 마치 송장 실에 끌려가는 듯 몇 겹을 지나 도달한다. 환자를 안심시키게 하려고 관계자들은 얘기도 하고 말을 시킨다. 그냥 수면마취를 한다고 한다. 투입해도 되겠습니까? 뭔가 뜨끈해진다는 느낌이 들자 나는 꿈속으로 떨어졌다. 매사는 봄눈 녹듯이 매화꽃이 피어날 것이다. 아주 마음이 평온했다.

# 물안개 속의 빌딩

- 해운대 LCT -

녹아내릴 듯한 삼복더위다. 하늘색은 유난히 짙푸르고 화창하다. 건물 아래로 엷은 구름이 쏜살같이 달려간다. 높은 건물이라 그런지 연한 물안개 속에 갇혀있는 듯하다.

건물 주위를 돌아서니 주눅이 든다. 주춤하고 차를 세우고 있으니 안내원이 나와 지하에 주차하고, 승강기를 타고 100층으로 가라고 이른다. 1층에서 몇 팀이 모이도록 기다렸다. 승강기 안은 해운대의 아름다운 풍광을 열거하고 급속도로 오르는 승강기는 단 몇 분 만에 384m 기록하고 문이 열린다. 마치 비행기에서 이륙한 기분이다. 귀가 먹먹하다.

아래로 보니 내가 어디에 서 있는 것인지 붕 떠 있는 느낌이다. 건물들이 모두 자그맣게만 보인다. 옥상에 헬리콥터가 착지하는 곳인지 건물마다 H자가 선명하게 드러나 있다. 반대 방향에는 해운대에서 청사포로 넘어가는 달맞이 언덕 고개의 풍경이다. 집들이 나지막하고 붉은색 벽돌로 즐비해 있다. 마치 동유럽 크로아티아에서 보았던 모습을 그렸다.

이 건물은 10년 전에 착공하여 3년 전에 완공했다. 랜드마크 타워와 레지던트 타워로 구성되어 있다. 101층짜리 랜드마크 타워는 롯데월드타워에 이어 한국에서 두 번째로 높은 빌딩이 된다. 국내에서 이 어마어마한 건물을 오를 수 있어 감탄했다. 건물을 지은 건축사의 기술력이 한없이 존경스러웠다. 몇 년 전 뉴욕에 갔을 때 엠파이어스테이트 빌딩이 102층이라고 했다. 그때도 86층 전망대가 있는 곳까지만 올라갈 수 있었다. 뉴욕 전 지역이 다 보이는 곳으로 엄청난 건물이라 여겼다.

100층에서 한 층을 내려가니 레스토랑이 있다. 음식은 올라오기 전에 먼저 주문하기 때문에 우리는 비싼 음식의 레퍼토리보다는 가장 저렴한 음식들만 주문했다. 그래도 한 명당 가격이 만만찮다. 뭘 먹었는지 어물쩍 지나는 시사였다. 평소 신토불이 농작물의 내 식습관에는 좀 맞지 않아 김치 생각이 불현듯 스친다. 그런데 옆 테이블 친구들은 뭘 시켰는지 조금은 거나하게 보인다. 가격이 꽤 나올 듯하다. 각자 테이블은 책임지고 시켰겠지.

마침, 100층에는 나전칠기 명장인 나전 공예가인 김인영의 특별전이 열리고 있었다. 나전칠기는 목칠공예의 기법으로 옻칠한

목제품 표면에 얇게 여민 조개껍데기를 박아 장식한 기법이다. 열거한 많은 작품의 가격 또한 만만찮았다. 한국을 자랑할 수 있는 나전칠기 브랜드에 무한한 감회를 느꼈다. 칠기 명장으로 전통을 이어갈 수 있는 것도 고려, 조선 시대를 거쳐 발전하여 대표적 예술 표현기법으로 자리 잡았다. 현대까지 전할 수 있었던 것도, 명장 공예가들이 생활 속 아름다움을 가꿀 수 있는 다양한 창의성을 발휘하였기 때문이다.

한때는 자개농에 매력을 느껴 충무에서 자개농 만드는 분을 만났다. 열두 자짜리 폭 그림으로 이어진 자개농을 맞춘 경험이 있어 좀 더 세세한 관심이 갔다. 이십 년쯤 지나 그 자개농을 처분한다니까 친정어머니는 아까운 마음에 시골집으로 가져오기를 바랐다. 친정집에 갈 때마다 볼수록 정감이 갔다. 그 또한 주인이 가고 나니 그 자리도 허망함만 남았다. 우리 문화의 전통이 하나씩 사라지고 있다는 것에 안타까울 뿐이다.

당시 거리 두기 3단계로 3명 이상은 이야기도 말라고 하여 6명의 친구를 갈라놓는 불상사가 생겼다. 레스토랑에서 올라와 주위를 돌아 100층 찻집에 들른다. 3명이 한 조로 하여 커피를 시키고 앉으려는 순간 폐출의 지시를 받았다. 엄격하고 단호하게 지키라는 신호이다. 받은 커피를 들고 밖을 빠져나와 창틀을 바라보며 차를 마시는 것 또한 추억거리가 되었다.

해운대라면 해수욕장이 가장 기억에 남는다는 외지인들의 추억담을 들었다. 넓은 모래사장은 항상 정갈하게 정돈되어 칭송을 받아온다. 위에서 바라본 모래사장은 물보다도 더 높이 있는 듯 언덕 위에 파라솔이 펼쳐져 있다는 착각으로 보였다. 물과 모래와 파라솔이 부서지는 파도의 그 정경이 한 폭의 명화로 보인다.

내려오는 승강기를 타는 것도 줄을 서고 몇 팀이 이루어졌을 때 함께 내려와야 한다. 1층에 내려오니 전망대가 보이는 바닷바람이 꽉 막힌 타래 같은 마음을 풀어헤친다. 3단계라고 하지만 많은 사람이 오고 가는 건물 앞뜰에서는 자유로운 마음이다.

오랜만에 만난 친구들의 얘기들을 듣고 밤바다의 야경도 보고 신선한 한여름의 갯내에 인생의 한 귀퉁이를 장식한 것 같아 흐뭇했다. 특히 그림을 하는 친구는 전시회를 마치고 조그마한 유화 두 점씩을 선물로 주었다. 집안 벽면에 걸어두고 그 친구 생각하는 마음으로 여름을 마무리할까 한다.

해운대의 웅대한 LCT 건물의 무게가 위상을 한층 더 돋보이게 하고 있다. 한 친구는 거기에서 다가오는 달에 남편 칠순이라 지인들을 초청하여 문화공간을 보여드리겠다고 벌써 들떠 있는 모습이다. 취지야 좋지만 조금 씁쓰레함도 보였다.

그나저나 2개의 레지던트 타워에는 어떤 사람들이 살고 있을까 내내 궁금증으로 이어갔다. 최근 들어서는 LCT 아파트가 높은 가격으로 거래된다고 한다. 한 채 값이 부산 최저가 아파트 이백여 채나 살 수 있다고 대문짝만하게 신문 한 페이지를 장식했다. 부의 상징은 건물의 높이에 있는지 빈부격차의 세상살이가 훤하게만 보인다.

# 바다는 웃게도 울게도 한다

바다는 내어주는 것을 숙명으로 여긴다. 해조류, 어류, 갑각류, 문어류 등등 수산물의 자료를 수집한다는 것은 너무나 방대하다. 해산물의 종류만 해도 수천수만 가지가 있으며, 살아가는 먹거리가 되고 있다. 한없이 베풀고 준다는 것은 아름다운 일이다.

겨울 바다는 가마우지, 칼 새 같은 겨울새도 있으며 북극에는 곰, 펭귄, 고래, 물개, 바다표범 등 포유동물도 있다. 갈매기는 떼를 지어서 바위 위에 알을 낳고 둥지를 들어서 증식한다. 지난날 세관에 다닐 때, 친구가 직원과 결혼하여 신랑이 매물도로 발령받아 갈매기와 벗 삼아 정겹게 살았던 모습을 기린다. 한없이 넓은 바다의 바윗돌에는 갈매기알이 널려 있어서 가져와 삶아 먹었던 기억이 아련하다.

또한, 바다는 모든 것을 허락한다. 인간들의 오물처리나 기름,

샴푸나 세제의 거품 등 온갖 쓰레기, 물새들의 배설물 등도 다 받아들인다. 환경대학원에서 공부할 때다. 바다의 오물에 대한 그룹 발표가 있었다. 날마다 바다에는 낚시꾼들의 횡포가 이만저만이 아니었다. 주위에 흩어져 있는 부유물이나 낚싯바늘마저도 바닷물에 내 던지는 바람에 물고기들이 그것을 먹기도 했다.

떠다니는 스티로폼이나 비닐류를 먹기도 하여 고기들이 떼 지어 죽어가는 광경을 보았다. 죽어가는 고기들이 이상한 낌새가 있어 배를 갈라 보니 이러한 진풍경이 되고 있었다. 웃고 있는 바다의 아픔이다. 웃음 뒤에 슬픔도 지닌 바다의 마음이다.

명절을 맞이하여 가족이 통나무집에 모였다. 입맛을 돋우며 즐거운 날이었다. 키조개, 새조개, 모시조개, 피조개, 돌 담치, 전복, 소라 등을 사서 숯불구이를 했다. 한없이 바다의 고마움으로 승천하는 날이다. 정성이 담긴 구이의 맛은 가족에게 만면滿面의 행복으로 다가온다.

바다가 내놓는 싱싱한 회 종류도 빼놓을 수는 없다. 모둠회가 있으며 별개의 단품 회도 있다. 우럭, 광어, 도다리, 돔에는 종류도 다양하다, 참돔, 줄돔, 돌돔, 벵에돔 등이 있다. 회는 생선을 어떻게 써는가에 따라 식감이 다르다. 탄력 있는 살의 두께를 조절하여 길게 짧게 썰어 식감을 느끼는 방법도 있다.

여름 한더위에 농장에서 땀 흘리는 작업을 한다. 저녁 시간 한

잔 소주에 더하는 횟감의 맛은 어디에도 비길 수 없는 산해진미다. 맛의 의미를 알게 된 최초의 음주 실력이라면 한 잔의 소주와 한 컵 맥주의 소맥이다. 생에 최고의 음료가 된다. 회는 나의 행복이요, 가족의 웃음이요, 바다의 웃음이 된다.

특히 부산에 살면서 회 맛의 진가를 모른다면 생의 즐거움이 희박한 삶의 뒤처짐이 될지도 모른다. 나의 태생은 부산 기장군 정관이다. 산이 둘러싸여 있으며 근거리에 월내와 칠암 바다가 있어 해산물이 풍부했다.

여름이 되면, 동네 사람들이 모여 십리 길을 걸어서 고리 칠암 앞바다 바위에 덕지덕지 붙은 담치 캐는 즐거움도 있었다. 담치는 시골에서는 열합 또는 오배기라고 했다. 어린 나이라 오배기를 캐다가 파도에 휩쓸리면 우리 어머니는 혼비백산이 되어 정신이 아찔한 적도 있었다. 동네 청년들은 급히 나를 물에서 건져주었다. 온 동네가 합심하여 캔 오배기는 한 아름씩 머리에 이고 돌아온다. 물이 있는 새미 둑에 앉아 비벼가며 깨끗이 씻어 삶는다. 보얀 속 국물에 감자랑 밀가루 수제비를 넣고 끓이면 그 맛은 천하일색으로 변한다. 지난날의 추억들이 새록새록 떠오른다. 그러고 보니 바다는 삶의 흔적인 부모님 생활사의 일기장이 되었다.

겨울이 되면 복어도 풍성했다. 복어는 복지라고도 불렀다. 동네마다 쌀 한 말이면 복지를 한 트럭씩 가져와서 바꿀 수가 있었다. 처마 밑에 매달은 복지는 형제들이 많아 아침마다 서너 마리씩 넣고 정지 안 나무 밑에서 뽑은 무를 듬성듬성 썰어 국을 끓일 때는 시원한 맛이라고 했다. 어려서 그 맛의 의미도 모르고 행복했었던 기억이다.

그 또한 어느 때부터 복지라는 단어는 사라졌다. 바다 수면 위의 해운업이 활성화되어 복어의 전량은 일본으로 수출했기 때문이다. 국내에 간혹 있는 복어의 값은 폭등했다. 삼면이 바다인 동서 남해안 물밑에 있는 고기나 해산물이 있으면, 해녀들의 일상과 더불어 얼마 전 해녀 시인의 불행을 접하더라도 바다는 웃게도 하고 또 울게도 한다.

# 철원 찍고, 월드 찍고

서울을 벗어나 강원도 철원 한탄강으로 가고 있다. 한식경-食頃 경기도를 지나 들어오니 군부대의 잔해가 보인다. 조금은 강원도의 향취가 느낀다. 차량 옆으로 장갑차가 지나고 군인들의 모습이 간혹 눈에 띄었다.

복잡한 경기도 끝자락을 벗어나니 그곳의 맑은 공기가 폐부로 느껴진다. 야산으로 에워싸인 주위로 집들이 듬성듬성 앉혀 있다. 오래만에 가족이 철원으로 나들이 가는데 얼마 전 세 식구가 된 며느리가 빠졌다. 며느리는 영어 강의가 아주 능숙하다. 주말 수업 강의가 더 급하다고 해서 양해를 구한다. 대신 저녁 시간에 예약해 둔 장소에서 만나기로 한다. 열심히 사는 모습은 좋은데 휴일이 더 귀한 강의라니 안쓰럽기도 하다.

한탄강 주상절리 3.6km의 거대한 잔도 길이였다. 중간중간다리의 이름으로 돌단풍교, 현무암교, 수평절리교, 쪽빛소 전망 쉼터라고 명찰도 붙어져 있었다. 곳곳에 따라서는 정말 아찔하기도 했다. 험준한 계곡이 잔도 다리 구멍 사이로 보이며 흔들거리기도 한다. 철원을 알리기에 한몫하고 연일 수많은 관광객이 모여든다고 한다.

작년 2021년 설치한 이 잔도 길 거리는 강원도에서 큰 경비와 인력이 소요되었다. 11월의 마지막 주말, 추운 날씨는 아니었지만, 산악지대라 쌀쌀하고 냉기를 보였다. 걷다 보니 계단도 오르고 내리고 등에서는 땀이 쏟아진다.

막바지에 오니 다리에 감각이 없다. 더 이상 걷기에는 무리일 것 같았는데 도착지에 다다랐다. 차량을 주차한 곳으로 되돌아가려면 셔틀버스나 택시를 타야 했다. 그 높은 곳에서도 강원도 특산품 장만에 관광객들로 인산인해를 이루었다. 우리는 네 식구라 그냥 택시를 이용했다.

철원의 명물 맛집으로 철원 막국수가 유명하다. 60년 전통의 집을 찾았다. 이미 일찍 서두른 사람들이 붐비고 줄을 서 기다린다. 족히 30분은 기다렸다. 전통에 맞게 국수 맛은 색달랐다. '금강경도 식후경'이라 했다. 모두 한 그릇씩 뚝딱한다. 또한 고기 수육과 빈대떡도 별미였다.

내가 사는 곳에서 거리 있는 강원도는 쉽사리 갈 수 있는 곳은 아니다. 주로 산이 많아 청정지역인 줄만 아는 곳이다. 그곳에도 사람들이 꽤 살고 있다는 것에 어디를 가나 인구 집중이라는 실감이다. 하기야 해외로 가면 아주 오지에서도 한국 사람이 산다는 것에 한국인의 핏줄이 넓혀졌다는 풍광으로 자연이나 세상의 모습이다.

다음날에는 산야와 거대 도시의 대조적인 관광을 했다. 일요일이라 새 식구인 며느리가 시간이 주어진다며 나와 긴한 여유를 가지기로 했다. 시어머니인 나와 둘이서만 서울의 거리 123층의 롯데월드로 갔다. 남편과 두 아들은 한마음으로 스크린골프 한 게임 들어가기로 한다.

나는 롯데월드가 처음이다. 주눅이 든다는 느낌이 들었다. 며느리는 어머님 모시기에 전력을 다하는데, 나는 휘황찬란한 분위기에 젖어 들기가 쉽지 않았다. 부산에서는 나도 한 가닥은 하는데 ㅎㅎ...

몇 번을 엘리베이터를 갈아타면서 123층에 올랐다. 서울 시내가 한눈에 펼쳐진다. 그렇게도 비싸다고 떠들썩한 강남의 집들이 내 눈 속으로 들어와 있다. 환호가 절로 나왔다. 아직도 아파트가 아닌 일반 주택들도 무수히 많았다. 일렬로 선, 집들이 밀집된 서울의 인구 집중이 절절한 것으로 느꼈다. 주눅 든 시어머니의 마음도 모르는 채 연신 핸드폰 사진을 찍어댄다. 참 이쁘고

귀엽게만 보인다.

어머님 우리 여기서 야채샐러드랑 커피 한 잔씩 할까요 한다. 뷰가 있는 만큼 먹거리들이 꽤 값비쌌다. 오늘은 내가 내랴? 네가 낼 것인가? 하였더니 어머니 지금은 당연히 제가 내야지요 한다. 저녁 식사에 안사돈이 김장을 마치고 만나기로 했다. 당연히 식사는 시어머니가 대접한다는 것을 모를 리가 없다.

딸이 없는 나는 그런 며느리가 살갑기도 했다. 도란도란 얘기도 잘한다. 미래의 꿈도 얘기하고 열심히 살겠다고 밤낮으로 시간을 아껴가며 일 처리하는 것도 대견스럽다. 아들에게는 많이 도와주고 관심을 가지라고 일러준다. 며느리가 결혼 전에 아들이 사는 집에 들렀더니 진하고 구수한 곰탕이 너무 맛있었다고 그걸 주문한다.

곰탕은 소머리와 사골을 사 농장에서 가마솥에 긴 시간 고와서 만든 것이다. 그 맛을 알고는 주문하다니 기특도 하지. 부산에 내려와서 날씨가 추워지니 그 시아버지는 곰탕 하는 것을 실천한다. 사흘이 걸려 준비한 곰탕거리를 가마솥에 서너 번을 고와서 큰아들 내, 작은 아들, 사돈 내까지 장만하여 우체국 택배로 송달한다. 연신 감사하다고 인사치레다. 사돈 내도 고맙게 잘 먹겠다고 전화하셨다. 살이 되고 보가 되어 올겨울 더 건강하게 잘 견뎌내는 가족이 되기를 바란다.

한 가족이 되려면 어느 쪽이든 베푸는 마음이 팽팽하여야 정이 들어가는 가족이 될 것이다. 매번 사돈 내도 흔하지 않은 선물들을 택배로 날려 보내와서 정감이 감돌고 있다.

# 수측다욕

**인쇄일** 2024년 6월 24일
**발행일** 2024년 6월 27일

**지은이** 송차식
**펴낸이** 박철수
**펴낸곳** 도서출판 **해암**

**등록번호** 제325-2001-000007호
**주소** 부산시 중구 대청로 138번길 9 (대원빌딩 302호)
**전화** 051)254-2260
**팩스** 051)246-1895
**메일** haeambook@daum.net

ISBN 978-89-6649-248-0 03810

값 15,000원

부산문화재단

* 본 사업은 2024년 부산광역시 부산문화재단
(부산문화예술지원사업)으로 지원을 받았습니다.